The Wilderness – Volume 1

The Land

by
Euclides da Cunha

English translation by
Timothy Plant

THE WILDERNESS
Euclides da Cunha

OS SERTÕES
Euclides da Cunha

Foreword

Nota Preliminar

Written during the rare intervals of leisure during a busy career, this book, which at the start was intended as a history of the Canudos Campaign, lost all its news value due to late publication, for reasons of no relevance here.

Escrito nos raros intervalos de folga de uma carreira fatigante, este livro, que a princípio se resumia à história da Campanha de Canudos, perdeu toda a atualidade, remorada a sua publicação em virtude de causas que temos por escusado apontar.

We therefore gave it a new form, taking what was its main theme and motive as just a variant of the general subject.

Demos -lhe, por isto, outra feição, tomando apenas variante de assunto geral o tema, a princípio dominante, que o sugeriu.

We proposed to sketch out, however faintly, before the eyes of future historians the characteristics which are now strongest among the sub-races of the Brazilian Wilderness. And we are doing this because their instability, due to multiple combinations of diversely arranged factors, compounded by historical vicissitudes and the deplorable mental situation

Intentamos esboçar, palidamente embora, ante o olhar de futuros historiadores, os traços atuais mais expressivos das sub-raças sertanejas do Brasil. E fazêmo-lo porque a sua instabilidade de complexos de fatores múltiplos e diversamente combinados, aliada às vicissitudes históricas e deplorável situação mental em que jazem, as tomam

in which they find themselves, might render them ephemeral and destined for early disappearance when faced with the growing demands of civilization and the intense material competition of migratory currents that are starting to invade our country deeply. The bold gangster, the ingenuous trooper,, the simple peasant will soon be types relegated to disappearing or extinct traditions. The first effects of varied crossings were perhaps destined to form the immediate beginnings of a great race. However, they lacked a situation of fixity, the equilibrium which no longer grants them the velocity acquired by the march of the peoples in this century. Backward today, completely extinct tomorrow. Civilization will advance into the Wilderness impelled by the implacable 'driving force of history' which Gumplowicz in a stroke of genius perceived better talvez efêmeras, destinadas a próximo desaparecimento ante as exigências crescentes da civilização e a concorrência material intensiva das correntes migratórias que começam a invadir profundamente a nossa terra.

O jagunço destemeroso, o tabaréu ingênuo e o caipira simplório serão em breve tipos relegados às tradições evanescentes, ou extintas.

Primeiros efeitos de variados cruzamentos, destinavam-se talvez à formação dos princípios imediatos de uma grande raça. Faltou-lhes, porém, uma situação de parada, o equilíbrio, que lhes não permite mais a velocidade adquirida pela marcha dos povos neste século. Retardatários hoje, amanhã se extinguirão de todo.

A civilização avançará nos sertões impelida por essa implacável "força motriz da História" que Gumplowicz, maior do que Hobbes, lobrigou, num lance genial, no esmagamento inevitável das raças fracas pelas raças fortes.

than Hobbes to be the inevitable prostration of the weak races by the stronger ones.

The Canudos Campaign therefore has undeniable significance as a first assault in a possible long struggle. The assertion is not weakened by the fact that we did it to the sons of that land, because, being ethnologically undefined, without uniform national traditions, living parasitically beside the Atlantic with civilizing principles evolved in Europeand armed by German industry, we certainly played the part of unfeeling mercenaries in that action.

Apart from this, being loosely unitely to those extraordinary patricians by a land that we hardly knew, we are completely separated from them by one historical coordinate – time. And this, in the full sense of the word, was a crime.

Let us report it.

And inasmuch as our strength of mind permits,

A campanha de Canudos tem por isto a significação inegável de um primeiro assalto, em luta talvez longa. Nem enfraquece o asserto o termo-la realizado nós filhos do mesmo solo, porque, etnologicamente indefinidos, sem tradições nacionais uniformes, vivendo parasitariamente à beira do Atlântico, dos princípios civilizadores elaborados na Europa, e armados pela indústria alemã - tivemos na ação um papel singular de mercenários inconscientes. Além disto, mal unidos àqueles extraordinários patrícios pelo solo em parte desconhecido, deles de todo nos separa uma coordenada histórica - o tempo.

Aquela campanha lembra um refluxo para o passado.

E foi, na significação integral da palavra, um crime.

Denunciemo-lo.

E tanto quanto o permitir a firmeza do nosso espírito façamos jus ao admirável conceito de Taine sobre o narrador sincero que encara a História como ela merece: "il s' irrite contre les demi

let us do justice to the admirable concept of Taine about the sincere narrator who faces history as it deserves:

'He is irritated by half-truths which are half-falsehoods, by authors who do not alter a date or a genealogy but who misrepresent sentiments and customs, who observe the pattern of events but change their colour, who copy facts but distort the soul. He wants to feel like a barbarian among the barbarians, and like an ancient among the ancients.'
Euclides da Cunha.
São Paulo, 1901

vérités que sont des demi faussetés, contre les auteurs qui n'altèrent ni une date, ni une généalogie, mais dénaturent les sentiments et les moeurs, qui gardent le dessin des événements et en changent la couleur, qui copient les faits et défigurent l'âme; il veut sentir en barbare, parmi les barbares, et, parmi les anciens, en ancien. "
Euclides da Cunha.
São Paulo, 1901

THE LAND

A TERRA

I
Preliminary notes

I
Preliminares

The central plateau of Brazil descends towards the south coast over high, continuous and abrupt escarpments. It defies the seas, unfolding in level ridges against the

O Planalto Central do Brasil desce, nos litorais do Sul, em escarpas inteiriças, altas e abruptas. Assoberba os mares; e desata-se em chapadões nivelados pelos visos das cordilheiras

background of the coastal ranges from Rio Grand to Minas. Towards the south it gradually gets lower, slipping towards the east coast in repeated steps and levels, losing its primitive grandeur which is left far inland. Such are the major changes in relief that anyone passing northwards aroud this region will observe, first of all the continued dominance of the mountain skyline, defining it clearly above the projecting contour of the beaches, then, in the coastal section between Rio de Janeiro and Espirito Santo, a rugged shoreline following the haphazard incidence of the highlands, rippling with capes and eaten away by inlets, opening into bays and closing up into islands, or disintegrating into barren reefs like debris from the timeless conflict that has raged between land and sea in that place. And then, beyond the 15th parallel, a softening of the landscape, the ranges becoming rounded with less rugged

marítimas, distendidas do Rio Grande a Minas. Mas ao derivar para as terras setentrionais diminui gradualmente de altitude, ao mesmo tempo que descamba para a costa oriental em andares, ou repetidos socalcos, que o despem da primitiva grandeza afastando-o consideravelmente para o interior.

De sorte que quem o contorna, seguindo para o norte, observa notáveis mudanças de relevos: a principio o traço contínuo e dominante das montanhas, precintando-o, com destaque saliente, sobre a linha projetante das praias; depois, no segmento de orla marítima entre o Rio de Janeiro e o Espírito Santo, um aparelho litoral revolto, feito da envergadura desarticulada das serras, riçado de cumeadas e corroído de angras, e escancelando-se em baias, repartindo-se em ilhas, e desagregando-se em recifes desnudos, à maneira de escombros do conflito secular que ali se trava entre

contours as the hills blurr on a broadening horizon. Until, half way up the coast of Bahia, where the view is no longer cut off by the mountain ranges before it so far, the eye can roam freely westward, immersing itself in the huge heart of the country which it now
sees over a distant ondulation of plateaux.

This geographical layout represents the morphogeny of the great continental massif which is demonstrated most exactly by any meridion section taken along the S. Francisco basin.

In fact we see that disparate geognostic formations of uncertain age succeed each other there, or intertwine in discordant stratifications, such that the exclusive predominance of some, or the combination of all, produce the variable aspects of the physiognomy of the land. This is first seen in the imposing gneissogranitic masses that curve away

os mares e a terra; em seguida, transposto o 15° paralelo, a atenuação de todos os acidentes - serranias que se arredondam e suavizam as linhas dos taludes, fracionadas em morros de encostas indistintas no horizonte que se amplia; até que em plena faixa costeira da Bahia, o olhar, livre dos anteparos de serras que até lá o repulsam e abreviam, se dilata em cheio para o ocidente, mergulhando no âmago da terra amplíssima lentamente emergindo num ondear longínquo de chapadas...

Este facies geográfico resume a morfogenia do grande maciço continental.

Demonstra-o análise mais íntima feita por um corte meridiano qualquer, acompanhando à bacia do S. Francisco.

Vê-se, do fato, que três formações geognósticas díspares, de idades mal determinadas, aí se substituem, ou se entrelaçam, em estratificações discordantes, formando o predomínio exclusivo de umas, ou a

from the far south in a mighty amphitheatre, creating those marvellous landscapes that enchant and illude the visitor so much. Skirting the sea at first, they proceed in successive ranges without lateral offshoots until they reach the coast of São Paulo, like an extended supporting wall that contains the sedimentary formations of the interior. The land dominates the ocean from the top of those cliffs, and anyone who climbs onto that majestic stage will find that all the excessive descriptions are justified – from the artifice of Rocha Pita to the genial extravagance of Buckle – and that this country is indeed a privileged region, where nature has set up her most portentous workshop. It would in fact be hard to imagine any region that is so well endowed for Life, from either the astronomical, the topographical or the geographical point of view. Once over the mountains and under the blazing

combinação de todas, os traços variáveis da fisionomia da terra. Surgem primeiro as possantes massas gnaissegraníticas, que a partir do extremo sul se encurvam em desmedido anfiteatro, alteando as paisagens admiráveis que tanto encantam e iludem as vistas inexpertas dos forasteiros. A princípio abeiradas do mar progridem em sucessivas cadeias, sem rebentos laterais, até as raias do litoral paulista, feito dilatado muro de arrimo sustentando as formações sedimentárias do interior. A terra sobranceia o oceano, dominante, do fastígio das escarpas; e quem a alcança como quem vinga a rampa de um majestoso palco, justifica todos os exageros descritivos - do gongorismo de Rocha Pita às extravagâncias geniais de Buckle - que fazem deste país região privilegiada, onde a natureza armou a sua mais portentosa oficina.

É que, de feito, sob o tríplice aspecto astronômico, topográfico e geológico a nenhuma se afigura tão

tropic, we behold extensive plateaux stretching to the west and north, whose fabric of horizontal layers of sandstone clay, interspersed with limestone outcrops or fissures of basic volcanic rock, and whose unrivalled exuberance and great flat areas unfold before us at the same time. Men are irresistibly attracted by this land, for they are just swept away by its highly unusual hydrographic network of rivers like the Iguaçu and the Tiete, which flow from the coast towards the wilderness as if they'd risen from the seas to channel their eternal energies to every corner of the opulent forests. They cross those strata easily in their uniform, shallow courses, and turn the whole land into wide undulating plains until beyond the Paraná.

To the east, however, the lie of the land is different. It rears abruptly into rigid plates of gneissic outcrops and the ascending plateaux climb into the afeiçoada à Vida.

Transmontadas as serras, sob a linha fulgurante do trópico, vêem-se, estirados para o ocidente e norte, extensos chapadões cuja urdidura de camadas horizontais de grés argiloso, intercaladas de emersões calcárias, ou diques de rochas eruptivas básicas, do mesmo passo lhes explica a exuberância sem par e as áreas complanadas e vastas. A terra atrai irresistivelmente o homem, arrebatando-o na própria correnteza dos rios que, do Iguaçu ao Tietê, traçando originalíssima rede hidrográfica, correm da costa para os sertões, como se nascessem nos mares e canalizassem as suas energias eternas para os recessos das matas opulentas. Rasgam facilmente aqueles estratos em traçados uniformes, sem talvegues deprimidos, e dão ao conjunto dos terrenos até além do Paraná a feição de largos plainos ondulados, desmedidos.

Entretanto, para leste a natureza é diversa.

Estereografa-se, duramente,

highlands of the Mantiqueira which enclose the Paraiba, or break up into fragments after reaching their highest summits above Itatiaia, taking the alpine scenery of the coastal regions into the heart of Minas. But moving further into this state we note a general slow descent towards the north, in spite of a multitude of ranges. As in the high sierras of São Paulo and Paraná, all of the torrents follow this gradual tendency along their tortuous water courses in spite of the constant obstruction of the mountains: the Rio Grande breaks through the Serra da Canastra with the vital force of her waters, and further on the deeply eroded valleys of the Rio das Velhas and the S. Francisco open up to south. At the same time, once past the uplands that run from Barbacena to Ouro Preto, the earlier formation disappear, even at their highest points, and lie covered by complex nas placas rígidas dos afloramentos gnáissicos; e o talude dos planaltos dobra-se do socalco da Mantiqueira, onde se encaixa o Paraíba, ou desfaz-se em rebentos que, após apontarem as alturas de píncaros centralizados pelo Itatiaia, levam até o âmago de Minas as paisagens alpestres do litoral. Mas ao penetrar-se este Estado nota-se, malgrado o tumultuar das serranias, lenta descensão geral para o norte. Como nos altos chapadões de São Paulo e do Paraná, todas as caudais revelam este pendor insensível com derivarem em leitos contorcidos e vencendo, contrafeitas, o antagonismo permanente das montanhas: o rio Grande rompe, rasgando-a com a força viva da corrente, a serra da Canastra, e, norteados pela meridiana, abrem-se adiante os fundos vales de erosão do rio das Velhas e do S. Francisco. Ao mesmo tempo, transpostas as sublevações que vão de Barbacena a Ouro Preto, as formações primitivas desaparecem, mesmo nas

series of metamorphic schists threaded with rich veins in the legendary gold country.

The structural change gives rise to more imposing natural layouts than those of the coastal areas. The area is still mountainous. The character of the rocks, exposed on the edges of quartzite hillocks or on top of the piled-up plates of itacolomite that dominate the uplands, enlivens all the rough ground from the mountains between Ouro Branco and Sabará to the diamond zone, spreading out to the north-east across the plateaux that grow flatter towards the Serra do Espinhaço peaks; and the latter, in spite of Eschwege's suggestive description, have little prominence among the defining ridges of a dominant situation. For there, all the rivers between the Jequitinhonha and the Rio Doce cascade eastwards through successive gullies and cauldrons, seeking the

maiores eminências, e jazem sotopostas a complexas séries de xistos metamórficos, infiltrados de veeiros fartos, nas paragens lendárias do ouro.

A mudança estrutural origina quadros naturais mais imponentes que os da borda marítima. A região continua alpestre. O caráter das rochas, exposto nas abas dos cerros de quartzito, ou nas grimpas em que se empilham as placas do itacolomito avassalando as alturas, aviva todos os acidentes, desde os maciços que vão de Ouro Branco a Sabará, à zona diamantina expandindo-se para nordeste nas chapadas que se desenrolam nivelando-se às cimas da serra do Espinhaço; e esta, apesar da sugestiva denominação de Eschwege, mal sobressai, entre aquelas lombadas definidoras de uma situação dominante. Dali descem, acachoantes, para o levante, tombando em catadupas ou saltando "travessões" sucessivos, todos os rios que do Jequitinhonha ao Doce procuram os terraços

lower terraces of the plateau beside the Serra dos Aimorés; while those flowing towards the catchment basin of the São Francisco descend clamly westward across the interesting limestone formations of the Rio das Velhas to the south, these being dotted with lakes and riddled with potholes and underground rivers leading to the caverns of Lund's prehistoric man, and finally come to further marked transitions in the superficial texture of the land.

In fact the previous layers, which we saw superimposed on the granite rocks, in turn fall away and are covered by other, thicker, more modern layers of sandstone. A new geological horizon emerges with interesting and original features. Though studied little, it has notable orographic significance, because the dominant southern ranges cease at that point, buried within a stupendous

inferiores do planalto arrimados à serra dos Aimorés; e volvem águas remansadas para o poente os que se destinam à bacia de captação do S. Francisco, em cujo vale, depois de percorridas ao sul as interessantes formações calcárias do rio das Velhas, salpintadas de lagos, solapadas de sumidouros e ribeirões subterrâneos, onde se abrem as cavernas do homem pré-histórico de Lund, se acentuam outras transições na contextura superficial do solo.

De fato, as camadas anteriores, que vimos superpostas às rochas graníticas, decaem, por sua vez sotopondo-se a outras, mais modernas de espessos estratos de grés.

Novo horizonte geológico reponta com um traço original e interessante. Mal estudado embora, caracteriza-o notável significação orográfica, porque as cordilheiras dominantes do sul ali se extinguem, soterradas, numa inumação estupenda, pelos possantes estratos mais

inhumation by the imposing more recent layers around them. But the land remains high, stretching away in wide plains or folding into false, barren mountains descending sharply but having their backs widened out into plains within a flat horizon, and only rising into distant saddles to the east, along the coast.

We therefore see a general tendency towards flattening out.

Because, in this coincidence of the high lands of the interior and the depression of the archaean formations, the mountainous mining region becomes absorbed, without projections, into the extended zone of tablelands to the north.

The Serra do Grão Mogol, which looms up on the confines of Bahia, is the first specimen of these splendid ridges that imitate mountain ranges and so confuse the unwary geographer; and the others in the vicinity, the Cabral which is closest and the

recentes, que as circundam. A terra, porém, permanece elevada, alongando-se em planuras amplas, ou avultando em falsas montanhas de denudação, descendo em aclives fortes, mas tendo os dorsos alargados em plainos inscritos num horizonte de nível, apenas apontoado a leste pelos vértices dos albardões distantes, que perlongam a costa.

Verifica-se. assim, a tendência para um aplainamento geral.

Porque, neste coincidir das terras altas do interior e a depressão das formações arqueanas, a região montanhosa de minas se vai prendendo, sem ressaltos, à extensa zona dos tabuleiros do norte.

A serra do Grão Mogol raiando as lindes da Bahia, é o primeiro espécimen dessas esplêndidas chapadas imitando cordilheiras, que tanto perturbam aos geógrafos descuidados; e as demais que a convizinham, da do Cabral mais próxima, à da Mata da Corda alongando-se para Goiás,

Mata da Corda stretching away towards Goias, are identically modelled. The eroded gullies that divide them up are impressive geological cuts. In the vertical plane from the bottom upwards they display the same succession of rocks as we saw over a large horizontal area: below, the granite outcrops sunken to the bottom of the valleys in scattered hillocks; half way up and sloping, the more recent slabs of schist; and on top, surmounting all or skirting their flanks in monoclinical vales, the predominant sandstone layers that offer an admirable plasticity to the meteorological agents for the creation of the most elaborate shapes. Lacking undulation, the larger uplands are nothing more than high plains, flat expanses terminating abruptly in steep slopes, against the striking backdrop of the torrential regime across a moving permeable, terrain. After centuries of torrential rain

modelam-se de maneira idêntica. Os sulcos de erosão que as retalham são cortes geológicos expressivos. Ostentam em plano vertical, sucedendo-se a partir da base, as mesmas rochas que vimos substituírem em alongado roteiro pela superfície: embaixo os rebentos graníticos decaídos pelo fundo dos vales, em cômoros esparsos; à meia encosta, inclinadas, as placas xistosas mais recentes; no alto, sobrepujando-as, ou circuitando-lhes os flancos em vales monoclínicos, os lençóis de grés, predominantes e oferecendo aos agentes meteóricos plasticidade admirável aos mais caprichosos modelos. Sem linhas de cumeadas, as maiores serranias nada mais são que planuras altas, extensas rechãs terminando de chofre em encostas abruptas, na molduragem golpeante do regímen torrencial sobre o terreno permeável e móvel. Caindo por ali há séculos as fortes enxurradas, derivando a princípio em linhas divagantes de drenagem,

that once drained off in meandering streams and eventually formed canyons, in the end those high plains were tranformed into sloping valleys leading to escarpments and precipices. And their appearance varied with the resistance of the materials involved: rearing stiffly above the level areas the last fragments of buried rocks are revealed as crags that barely resemble those most ancient Brazilian 'Himalayas' in their height, crumbling, in constant disintegration throughout the ages; further on, they become more erratic, like broken lines of huge monumental stones or wide circular formations of enormous stacked blocks, as if they were the ruins of cyclopic coliseums or, seen from the slopes, rising obliquely above the adjacent plains, they remind us of the disfigured keystones of some monstruous vault that formed the antique range, in pieces …

foram pouco a pouco reprofundando-as, talhando-as em quebradas que se fizeram cañons, e se fizeram vales em declive, até orlarem de escarpamentos e despenhadeiros aqueles plainos soerguidos. E consoante a resistência dos materiais trabalhados variaram nos aspectos: aqui apontam, rijamente, sobre as áreas de nível, os últimos fragmentos das rochas enterradas, desvendando-se em fraguedos que mal relembram, na altura, o antiqüíssimo "Himalaia brasileiro", desbarrancado, em desintegração contínua, por todo o curso das idades; adiante, mais caprichosos, se escalonam em alinhamentos incorretos de menires colossais, ou em círculos enormes, recordando na disposição dos grandes blocos superpostos, em rimas, muramentos desmantelados de ciclópicos coliseus em ruínas ou então, pelos visos das escarpas, oblíquos e sobreanceando as planuras que, interopostos, ladeiam, lembram aduelas desconformes, restos da

They disappear compleltely in some places. Instead, great plains stretch out. Bestriding the slopes, raising them slightly to give the exact appearance of suspended tables, they culminate in extended areas hundreds of metres high, curving away indefinitely like the sea. These are the beautiful grasslands of the central plateau with its undulating highlands, where the rough cowhands wander. Let's go across it.

Further on, beginning at Monte Alto, these natural conformations divide: the sandstone series proceeds due north as far as the sandy plateau of Açuruá, in association with the chalklands that enliven the lansdcape of the big river, clinging to its lines of ruptured hills, so well exemplified in the fantastic skyline at Bom Jesus da Lapa; while to the north east, thanks to intense degradations (because the Serra Geral acts from then on as a buffer to the

monstruosa abóbada da antiga cordilheira, desabada...

Mas desaparecem de todo em vários pontos.

Estiram-se então planuras vastas. Galgando-as pelos taludes, que as soerguem dando-lhes a aparência exata de tabuleiros suspensos, topam-se, a centenas de metros, extensas áreas ampliando-se, boleadas, pelos quadrantes, numa prolongação indefinida, de mares. É a paragem formosíssima dos campos gerais, expandida em chapadões ondulantes - grandes tablados onde campeia a sociedade rude dos vaqueiros...

Atravessêmo-la.

Adiante, a partir de Monte Alto, estas conformações naturais se bipartem: no rumo firme do norte a série do grés figura-se progredir até ao plateau arenoso do Açuruá, associando-se ao calcário que aviva as paisagens na orla do grande rio, prendendo-as às linhas dos cerros talhados em diáclase, tão bem expressos no perfil fantástico do Bom

prevailing winds, condensing them into deluvian torrents, the ancient formations rise and show their face again.

The mountains are disinterred.

The diamantine region reappears in Bahia, entirely reviving that of Minas, like a redoubling or indeed a prolongation of it, because it is the same formation as that of Minas, finally tearing up the sandstone layers and rising with the same turbulent, alpine forms in the peaks that radiate from Tromba or rear up to the north in the huronian schists of the parallel Sincorá range. From this point on, however, the axis of the Serra Geral breaks up and is ill-defined. It disintegrates. The range of mountains bristles with buttresses and crags, and out of these cascade, in an easterly direction, the sources of the Paraguaçu, while a tortuous web of innumerable low hills criss-cross above the broad lands of the interior,

Jesus da Lapa; enquanto para nordeste, graças a degradações intensas (porque a serra Geral segue por ali como anteparo aos alísios, condensando-os em diluvianos aguaceiros), se desvendam, ressurgindo, as formações antigas.

Desenterram-se as montanhas.

Reponta a região diamantina, na Bahia, revivendo inteiramente a de Minas, como um desdobramento ou antes um prolongamento, porque é a mesma formação mineira rasgando, afinal, os lençóis de grés, e alteando-se com os mesmos contornos alpestres e perturbados, nos alcantis que irradiam da Tromba ou avultam para o norte nos xistos huronianos das cadeias paralelas de Sincorá.

Deste ponto em diante, porém, o eixo da serra Geral se fragmenta, indefinido. Desfaz-se. A cordilheira eriça-se de contrafortes e talhados de onde saltam, acachoando, em despenhos, para o levante, as nascentes do Paraguaçu, e um dédalo

covering them. The topography now changes, reflecting the weakened impact of the elements and their age-old action among the ruined mountains, and the hitherto gradual descent of the plateaux starts to take on a considerable relief. The S. Francisco now appears, meandering vigorously towards the east, and so revealing the general transformation of the region.

This is lower and more rugged.

It descends to the lower terraces among a tumult of incoherently scattered hills. The last branch of the central highlands, the Serra da Itiúba connects with some errant branches, uniting them with the southern expanses of the Serras da Furna, Cocais and Sincorá. It rises briefly, but soon descends in all directions: to the north, giving rise to the four-hundred kilometer torrent flowing downstream of the Sobradinho; to the south,

in scattered segments stretching beyond Monte Santo; and to the east, passing beneath the uplands of Jeremoabo and reappearing in the prodigious falls of Paulo Afonso.

Any observer who has journeyed through the magnificent alternations of the mighty plateaux and the magnificent mountains will surely be spellbound by them.

quilômetros à jusante do Sobradinho; para o sul, em segmentos dispersos que vão até além do Monte Santo; e para leste, passando sob as chapadas de Jeremoabo, até se desvendar no salto prodigioso de Paulo Afonso.

E o observador que seguindo este itinerário deixa as paragens em que se revezam, em contraste belíssimo, a amplitude dos gerais e o fastígio das montanhas, ao atingir aquele ponto estaca surpreendido...

Into the wilderness

A entrada sertão

Situated on a terrace of the continental mass to the north, this is bounded on one side by the semicircular course of the S. Fancisco, which encloses two quadrants, and on the other, also curving to the south-east and perpendicular to its former direction, by the meandering course of the Itapicuru-açu. Flowing almost parallel between them on the median with

Está sobre um socalco do maciço continental, ao norte. Demarca-o de uma banda, abrangendo dois quadrantes, em semicírculo, o rio de S. Francisco: e de outra, encurvando também para sudeste, numa normal a direção primitiva, o curso flexuoso do Itapicuru-açu. Segundo a mediana, correndo quase paralelo entre aqueles, com o mesmo descambar expressivo para a costa, vê-se o traço de um

the same marked inclination towards the coast we see the course of another river, the Vaza-Barris, known as the Irapiranga to the locals, whose passage between Jeremoabo and its source is a cartographer's dream. In fact, over the stupendous drop where the eroded ramps of the plateau descend to the sea or downstream of Paulo Afonso, there are no stable conditions for a normal hydrographic system. A chaotic, torrential drainage prevails in that place, with the wild, exceptional features of that of Bahia.

outro rio, o Vaza-Barris, o Irapiranga dos tapuias, cujo trecho de Jeremoabo para as cabeceiras é uma fantasia de cartógrafo. De fato, no estupendo degrau, por onde descem para o mar ou para jusante de Paulo Afonso as rampas esbarrancadas do planalto, não há situações de equilíbrio para uma rede hidrográfica normal. Ali reina a drenagem caótica das torrentes, a naquele da Bahia facies excepcional e selvagem.

Unknown Land

Approaching it, one understands that exact or detailed reports are few about this huge tract of land about the size of Holland (9°11' − 10°20' lat, and 4° - 3° long O.R.J.). Our best maps, which contain scant information, contain a blank space, a hiatus in

Terra ignota

Abordando-o, compreende-se que até hoje escasseiem sobre tão grande trato de território, que quase abarcaria a Holanda (9° 11' - 10° 20' de lat. e 4° - 3° de long. O.R.J.), notícias exatas ou pormenorizadas. As nossas melhores cartas, enfeixando informes escassos, lá têm um claro

that place. It is an unknown land, containing the scribble of a problematic river or the notion of a string of mountains.

After crossing the Itapicuru on their way south, the most advanced groups of settlers stopped in minuscule villages – Maçacará, Cumbe or Bom Conselho – among which the decrepit Monte Santo has the look of a town: then crossing the serra at Itiúba to the south-west, they stopped in settlements in its lee by insignificant streams, or on the infrequent cattled stations, all of them bounded by an indistinct ruin to the north, Uauá, while to the east they stopped on the banks of the S. Francisco, between Capim Grosso and Santo Antônio da Gloria.

Only this latter direction offered the benefit of an ancient city, Jeremoabo, crowning the greatest effort of penetration into those parts, forever avoided by the waves of

expressivo, um hiato, Terra ignota, em que se aventura o rabisco de um rio problemático ou idealização de uma corda de serras.

E. que transpondo o Itapicuru, pelo lado do sul, as mais avançadas turmas de povoadores estacaram em vilarejos minúsculos - Maçacará, Cumbe ou Bom Conselho - entre os quais o decaído Monte Santo tem visos de cidade: transmontada a Itiúba, a sudoeste, disseminaram-se pelos povoados que a abeiram acompanhando insignificantes cursos de água, ou pelas raras fazendas de gado, estremados todos por uma tapera obscura - Uauá, ao norte e a leste pararam às margens do S. Francisco, entre Capim Grosso e Santo Antônio da Glória.

Apenas naquele último rumo se avantajou uma vila secular, Jeremoabo, batizando o máximo esforço de penetração em tais lugares, evitados sempre pelas vagas humanas, que vinham do litoral baiano procurando o interior.

humanity that came from the coasts of Bahia towards the interior.

Occasionally they would cut across it, fugitively and quickly without leaving traces. None of them settled there. They couldn't settle. The strange land, less than forty leagues from the old metropolis, was predestined to pass the four hundred years of our history in total oblivion. Because, whereas the pioneers heading up from the south would stop at the edge of it and later espy it from the edge of the Itiúba, then head off in the direction of Pernambuco and Piauí as far as Maranhão, those from the east were halted by the uncrossable barrier of the Paulo Afonso and left it there in the middle, unapproachable and unknown, as they sought more practical lines of access along the Paraguaçu and rivers to the south.

And even following the latter of those routes, confined to a shorter route, the strange look of that Uma ou outra o cortou, rápida, fugindo, sem deixar traços.

Nenhuma lá se fixou. Não se podia fixar. O estranho território, a menos de quarenta léguas da antiga metrópole, predestinava-se a atravessar absolutamente esquecido os quatrocentos anos da nossa história. Porque enquanto as bandeiras do sul lhe paravam à beira e envesgando, depois, pelos flancos da Itiúba, se lançavam para Pernambuco e Piauí até o Maranhão as do levante, repelidas pela barreira intransponível de Paulo Afonso, iam procurar, no Paraguaçu e rios que lhe demoram ao sul, linhas de acesso mais praticáveis, Deixavam-no de permeio, inabordável, ignoto.

É que mesmo trilhando o último daqueles rumos, adstritas a itinerário menos longo, as salteava impressionadoramente o aspecto estranho da terra repontando em transições imprevistas.

Deixando a orla marítima e seguindo em cheio para o

land would surely surprise them greatly with the recurrence of its sudden changes. As they left the coast and headed due west, the sense of attraction and adventure of the journey inland would have lessened or grown weaker, just as the mirage of the rich coast had been lost behind them. Shortly after leaving Camassari the older formations become covered with scant terciary areas alternating with small cretaceous basins that are covered with the sandy soil of Alagoinhas, which is barely disrupted by the limestone emersions at Inhambupe to the east. The surrounding vegetation changes, copying these alternatives with the precision of a stencil. The forests thin out or get poorer, growing in sparse patches on the hilltops, then finally disappear; here and there, though ever less frequently, they exist in isolation or grow out across the bare surfaces of the plains where a typical

ocidente, tinham, transcorridas poucas léguas, amolentada ou desinfluída a atração das "entradas" aventurosas, e extinta a miragem do litoral opulento. Logo a partir de Camassari as formações antigas cobrem-se de escassas manchas terciárias, alternando com exíguas bacias cretáceas, revestidas do terreno arenoso de Alagoinhas que mal esgarçam, a leste, as emersões calcárias de Inhambupe. A vegetação em roda transmuda-se, copiando estas alternativas com a precisão de um decalque. Rarefazem-se as matas, ou empobrecem. Extinguem-se, por fim, depois de lançarem rebentos esparsos pelo topo das serranias; e estas mesmo, aqui e ali, cada vez mais raras, ilham-se ou avançam em promontório nas planuras desnudas dos campos, onde uma flora característica - arbustos flexuosos entrechassados de bromélias rubras - prepondera exclusiva em largas áreas, mal dominada pela vegetação vigorosa

flora – tangled shrubs dotted with red bromelias – dominates large areas where the vigorous vegetation radiating from Pojuca over the rich clay of the decomposed chalk layers is not preponderant. From this point on the sterilizing terciary lands reappear over the more ancient ones which then dominate the whole central zone of Serrinha. Mounts Lopes and Lajedo rise like mishapen pyramids made of smooth, rounded blocks; and those that follow, flanking the edges of the Serra da Saúde and the Serra da Itiúba on either side as far as Vila Nova da Rainha, repeat the same shape on the ruptured slopes, exhuming the vanished skeletons of the mountains.

The observer gets the impression of skirting around the truncated edge of a plateau.

In fact he is travelling on a route thrice secular, an historic path once used by rude countrymen on their excursions to the interior.

irradiante da Pojuca sobre o massapé feraz das camadas cretáceas decompostas.

Deste lugar em diante, reaparecem os terrenos terciários esterilizadores, sobre os mais antigos que, entretanto, depois, dominam em toda a zona centralizada em Serrinha. Os morros do Lopes e do Lajedo aprumam-se, à maneira de disformes pirâmides de blocos arredondados e lisos; e os que se sucedem, beirando de um e outro lado as abas das serras da Saúde e da Itiúba, até Vila Nova da Rainha e Juazeiro, copiam-lhes os mesmos contornos das encostas estaladas, exumando a ossatura partida das montanhas.

O observador tem a impressão de seguir torneando a truncadura malgradada da borda de um planalto.

Calca, de fato, estrada três vezes secular, histórica vereda por onde avançavam os rudes sertanistas nas suas excursões para o interior.

Não a alteraram nunca.

Não a variou, mais tarde, a civilização, justapondo aos

This was never changed. Nor did civilization change it later, by building a railway beside the pioneer trails.

Because this road, which branches off in very many places to the south and west along its hundred-league extension from Bahia and Juazeiro, never branched off to the east or north beyond its middle section.

Depending on their destinations, the settlers travelling on this road to Piauí, Pernambuco, Maranhão and Pará divided up in Serrinha. And whether they were going to Juazeiro, or turning right along the royal route of Bom Conselho, which had led to Santo Antonio da Glória and Pernambuco since the 18th century, they all went round the outside of that desolate place, and sought to avoid its sinister, tortuous crossing.

As a result, these two lines of penetration that cross the S. Francisco far away from each other – at

rastos do bandeirante os trilhos de uma via férrea.

Porque o caminho em cuja longura de cem léguas, da Bahia ao Juazeiro, se entroncam numerosíssimos desvios para o poente e para o sul, jamais comportou, a partir de seu trecho médio, variante apreciável para leste e para o norte.

Calcando-o, em demanda do Piauí, Pernambuco, Maranhão e Pará, os povoadores, consoante vários destinos, dividiam-se em Serrinha. E progredindo para Juazeiro, ou volvendo à direita, pela estrada real do Bom Conselho que, desde o século 17, os levava a Santo Antônio da Glória e Pernambuco - uns e outros contorneavam sempre, evitando-a sempre, a paragem sinistra e desolada, subtraindo-se a uma travessia torturante.

De sorte que aquelas duas linhas de penetração, que vão interferir o S. Francisco em pontos afastados - Juazeiro e Santo Antônio da Glória -, formavam, desde aqueles tempos, as lindes de um deserto.

Juazeiro and Santo Antonio da Glória – have constituted the boundaries of a desert since that time.

The road to Monte Santo

Anyone who undertakes to cross it, heading out from Queimadas to the north east, will have no surprises at the outset. The meandering Itapicuru supports a rich vegetation, whilst the stony banks of the Jacurici are dotterd with little woods.. The terrain, sandy and flat, enables an easy and rapid crossing. Flat tablelands undulate beside the way. The rocks protrude in horizontal slabs, barely disturbing the surface though breaking through the thin layer of sand with which it is covered.. Later, however, the terrain becomes ever more arid. Once past the narrow strip of grassland along that final river, you're right in the scrub, as the locals so aptly put it: undergrowth poorly rooted in thin soil,

Em caminho para Monte Santo

No entanto quem se abalança a atravessá-lo, partindo de Queimadas para nordeste, não se surpreende a princípio. Recurvo em meandros, o Itapicuru alenta vegetação vivaz; e as barrancas pedregosas do Jacurici debruam-se de pequenas matas. O terreno, areento e chão, permite travessia desafogada e rápida. Aos lados do caminho ondulam tabuleiros rasos. A pedra, aflorando em lajedos horizontais, mal movimenta o solo, esgarçando a tênue capa das areias que o revestem.
Vêem-se, porém, depois, lugares que se vão tornando crescentemente áridos.
Varada a estreita faixa de cerrados, que perlongam aquele último rio, está-se em pleno agreste, no dizer expressivo dos matutos:

tangled masses of vegetation with grey rigid cacti rising steeply from them, as one would expect to see on the edge of a desert.

And so the spectacle of that inhospitable wilderness gradually and impressively develops …

Any undulation that occurs reveals itself or is predicted, far off, in the mournful spectacleof a monotonous horizon in which the solitary, unchanging colour is the burnt brown of the Caatinga.

Less sterile areas still occur, though, and in places were the granite has decomposed in situ, leaving beds of clay, verdant chestnuts growing beside the fluvial lakes create a brief parenthesis in the general aridity.

In the splendid etymology of the locals, these dead lakes are an obligatory stop for the traveller. Being connected to the waterholes and 'caldrons' formed in the rock, they are his sole resort on the

arbúsculos quase sem pega sobre a terra escassa, enredados de esgalhos de onde irrompem, solitários, cereus rígidos e salientes, dando ao conjunto a aparência de uma margem de desertos. E o facies daquele sertão inóspito vai-se esboçando, lenta e impressionadoramente...

Galga-se uma ondulação qualquer - e ele se desvenda ou se deixa adivinhar, ao longe, no quadro tristonho de um horizonte monótono em que se esbate, uniforme, sem um traço diversamente colorido, o pardo requeimado das caatingas.

Intercorrem ainda paragens menos estéreis, e nos trechos em que se operou a decomposição in situ do granito, originando algumas manchas argilosas, as copas virentes dos ouricurizeiros circuitam - parêntesis breves abertos na aridez geral - as bordas das ipueiras. Estas lagoas mortas, segundo a bela etimologia indígena, demarcam obrigatória escala ao caminhante. Associando-se às cacimbas e "caldeirões", em que se abre

tortuous journey. Though they are real oases, nevertheless they often have a lugubrious air since they are located in depressions, surrounded by bare hills, entwined in mandacarus (cactus shrubs) that are stripped and sad like spectral trees; or in the col of a ridge, standing out against the brown dust thanks to the sheet of green-black unicellular algas that surround them.

Some show signs of labours carried out by the inhabitants of the Sertão, being
enclosed by dismal structures in dry stone forming dams against the hillside, as if they were monuments to an obscure society. This is the common heritage of those who worked there when the fierce climate let them, and it mainly dates back to the distant past.

They were built by the ones who first ventured into those hazardous parts. And they remain indestructible because, like a pedra, são-lhe recurso único na viagem penosíssima. Verdadeiros oásis, têm contudo, não raro, um aspecto lúgubre: localizadas em depressões, entre colinas nuas, envoltas pelos mandacarus despidos e tristes, como espectros de árvores; ou num colo de chapada, recortando-se com destaque no chão poento e pardo, graças à placa verde-negra das algas unicelulares que as revestem.

Algumas denotam um esforço dos filhos do sertão. Encontram-se, orlando-as, erguidos como represas entre as encostas, toscos muramentos de pedra seca. Lembram monumentos de uma sociedade obscura. Patrimônio comum dos que por ali se agitam nas aperturas do clima feroz, vêm em geral, de remoto passado. Delinearam-nos os que se afoitaram primeiro com as vicissitudes de uma entrada naquelas bandas. E persistem indestrutíveis, porque o sertanejo, por mais escoteiro que siga, jamais deixa de levar uma pedra que calce as suas junturas

the good scout he is, the Sertanejo would never have failed to fix a firm stone in an unstable structure.

But once past these places – which are like imperfect copies of the Roman dams that remain in Tunisia – one is confronted with arid sands. And it is there, mainly in the areas where sequences of little dunes are laid out in the same form and the same pattern, that even the swiftest traveller has the sensation of immobility. The same sight reappears before him against a changeless horizon which recedes as he advances. Very occasionally, however, as in the tiny village of Cansanção, a wide extent of fertile ground is covered by rank vegetation. Poor homesteads come into view, some deserted by the retreat of cowmen frightened off by the drought; others in ruins, increasing the atmosphere of utter poverty in that melancholic landscape …

In the vicinity of vacilantes.

Mas transpostos estes pontos - imperfeita cópia das barragens romanas remanescentes na Tunísia - entra-se outra vez nos areais exsicados. E avançando célere, sobretudo nos trechos em que se sucedem pequenas ondulações, todas da mesma forma e do mesmo modo dispostas, o viajante mais rápido tem a sensação da imobilidade. Patenteiam-se-lhe uniformes, os mesmos quadros, num horizonte invariável que se afasta à medida que ele avança. Raras vezes, como no povoado minúsculo de Cansanção, larga emersão de terreno fértil se recama de vegetação virente.

Despontam vivendas pobres; algumas desertas pela retirada dos vaqueiros que a seca espavoriu; em ruínas, outras, agravando todas no aspecto paupérrimo o traço melancólico das paisagens...

Nas cercanias de Quirinquinquá, porem, começa a movimentar-se o solo. O pequeno sítio ali ereto alevanta-se já sobre

Quirinquinquá, however, the ground begins to change. The little homestead standing there is situated on a high expanse of granite, and if we look to the north we espy a different region – divided into valleys and crests that fade into the distance in disappearing ridges. The Serra de Monte Santo, whose profile is quite the opposite of those rounded contours described by the illustrious Martins, suddenly rises up in front as an impressive rampart of white quartzite with bluish tones, standing in relief above the gneissic mass that forms the ground all about it. Crowning the enormous wall and furrowed by lines of strata laid bare by the wind erosion, a monumental rock wall rises upwards. This culminates in a lofty crest whose summit faces 13° NE, straddling the settlement that lies at its feet. Around it lies a vast horizon, and the main upland areas are lower towards the south and east

alta expansão granítica, e atentando-se para o norte divisa-se região diversa - riçada de vales e serranias, perdendo-se ao longe em grimpas fugitivas. A serra de Monte Santo, com um perfil de todo oposto aos redondos contornos que lhe desenhou o ilustre Martins, empina-se, a pique, na frente, em possante dique de quartzito branco, de azulados tons, em relevo sobre a massa gnáissica que Constitui toda a base do solo. Dominante sobre seu enorme paredão, vincado pelas linhas dos estratos, expostas pela erosão eólia, afigura-se cortina de muralha monumental. Termina em crista altíssima, estremando-lhe o desenvolvimento no rumo de 13° NE, a cavaleiro da vila que se lhe erige no sopé. Centraliza um horizonte vasto. Observa-se, então, que atenuados para o sul e leste, os acidentes predominantes da terra progridem avassalando os quadrantes do norte.

O sítio do Caldeirão, três léguas adiante, ergue-se à margem dessa sublevação

but dominant in the northern landscape.
Three leagues further on we reach the estate of Caldeirão, situated at the limit of this metamorphic high ground, and when we pass beyond it, we finally enter the burning wilderness.

metamórfica; e alcançando-o, e transpondo entra-se. afinal, em cheio, no sertão adusto...

First Impressions

Primeiras impressões

The scenery is stunning. The structural conditions of the land there are linked to the extreme violence of the external agents which have shaped them in a remarkable way. The prevailing torrential rains in that excessive climate, coming abruptly after a lot of sunshine, beating against its long-exposed slopes, and carrying off the degraded elements which are the oldest components of the remaining mountain stumps:
all the crystalline varieties and sharp quartzites, and the formations and the limestone, alternating or entwined, harshly exposed

É uma paragem impressionadora
As condições estruturais da terra lá se vincularam à violência máxima dos agentes exteriores para o desenho de relevos estupendos. O regímen torrencial dos climas excessivos, sobrevindo, de súbito, depois das insolações demoradas, e embatendo naqueles pendores, expôs há muito, arrebatando-lhes para longe todos os elementos degradados, as séries mais antigas daqueles últimos rebentos das montanhas: todas as variedades cristalinas, e os quartzitos ásperos, e as filades e calcários, revezando-se ou

at every step we take amid the scant flora, thus presenting us with a scene in which the tormented aspect of the landscape is predominant. And what these things betray – in the chaotic condition of the soil, the disintegration of the virtually naked hills, in the twisted, dry beds of the ephemeral streams, the strangled gorges and the almost convulsive state of a deciduous flora tangled among the branches – is somehow the martyrdom of the land, brutally smitten by the various elements through the whole range of climatic conditions. On the one hand the extreme dryness of the air in Summer, permitting an instantaneous loss of heat absorbed by rocks exposed to the intense heat, through nocturnal radiation, submits them to the sudden alternation of thermal highs and lows. Hence the play of expansion and contraction which undoes them, opening them along the planes of least

entrelaçando-se, repontando duramente a cada passo, mal cobertos por uma flora tolhiça - dispondo-se em cenários em que ressalta predominante, o aspecto atormentado das paisagens.

Porque o que estas denunciam - no enterroado do chão, no desmantelo dos cerros quase desnudos, no contorcido dos leitos secos dos ribeirões efêmeros, no constrito das gargantas e no quase convulsivo de uma flora decídua embaralhada em esgalhos - é de algum modo o martírio da terra, brutalmente golpeada pelos elementos variáveis, distribuídos por todas as modalidades climáticas. De um lado a extrema secura dos ares, no estio, facilitando pela irradiação noturna a perda instantânea do calor absorvido pelas rochas expostas às soalheiras, impõe-lhes a alternativa de alturas e quedas termométricas repentinas: e daí um jogar de dilatações e contrações que as disjunge, abrindo-as segundo os planos de menor resistência. De outro, as chuvas que

resistance. Then come the rains, which suddenly terminate the cycles of searing drought and trigger these slow reactions.

The forces that affect the earth attack its inner texture and its surface in a constant act of destruction, substituting one another inevitably in the only two seasons of that region.

They disintegrate it in the blazing summers; they degrade it in the torrential winters. They pass from molecular instablility, in an inveterate action to the portentous fury of the storms. They are joined and complementary, and depending on the preponderance of one or the other, or the entwining of both, the aspects of nature are changed. The same gneissic protrusions precisely cut into almost geometric planes, like building blocks, which appear in many places, at times suggesting the presence of majestic ruined castles in the empty wilderness – are further on surrounded by shambolic

fecham, de improviso, os ciclos adurentes das secas, precipitam estas reações demoradas.

As forças que trabalham a terra atacam-na na contextura íntima e na superfície sem intervalos na ação demolidora, substituindo-se, com intercadência invariável, nas duas estações únicas da região.

Dissociam-na nos verões queimosos; degradam-na nos invernos torrenciais. Vão do desequilíbrio molecular, agindo surdamente, à dinâmica portentosa das tormentas. Ligam-se e completam-se. E consoante o preponderar de uma e outra, ou o entrelaçamento de ambas, modificam-se os aspectos naturais. As mesmas assomadas gnáissicas caprichosamente cindidas em planos quase geométricos, à maneira de silhares, que surgem em numerosos pontos, dando, às vezes, a ilusão de encontrar-se, de repente, naqueles ermos vazios, majestosas ruinarias de castelos - adiante se cercam de

crags, tottering on their slender bases, tilting to fall, leaning and unstable like rocking logans or great piles of fallen dolmens; yet further on they disappear beneath piles of blocks, creating the perfect image of those 'seas of stone' so typical of places with excessive climates. Thick beds of pebble and broken slabs spread out across the tumultuous terraces at the foot of these hills – which are the ancient relics of spent ridges – either like the beds of former glaciers or scattered about at random, as evidence of the same violence. The edges of these fragments, where feldspar crystals are still cemented to the quartz, bear fresh witness to these physical and mechanical effects which broke up the rocks without the decomposition of their formative elements, the movement of their chemical agents being assisted by normal meteorological facts.

In this way, at every step we take, the land is

fraguedos, em desordem, mal seguros sobre as bases estreitas, em ângulos de queda, incombentes e instáveis, feito loghans oscilantes, ou grandes desmoronamentos de dolmens; e mais longe desaparecem sob acervos de blocos, com a imagem perfeita desses "mares de pedra" tão característicos dos lugares onde imperam os regímens excessivos. Pelas abas dos cerros, que tumultuam em roda - restos de velhíssimas chapadas corroídas -, se derramam, ora em alinhamentos relembrando velhos caminhos de geleiras, ora esparsos a esmo, espessos lastros de seixos e lajens fraturadas, delatando idênticas violências. As arestas dos fragmentos, onde persistem ainda cimentados ao quartzo os cristais de feldspato, são novos atestados desses eleitos físicos e mecânicos que, despedaçando as rochas, sem que se decomponham os seus elementos formadores, se avantajaram ao vagar dos agentes químicos em função

distinguished by its extreme harshness. This is partly softened by the appearance of sunken areas, the sites of ancient lakes reduced to boggy pools that mark the resting place of cowmen. These are traversed in turn by the beds of rivers that are mainly dry and yawn like graves, only flowing in the brief rainy seasons. Most of these are blocked by thick slabs of rock with feeble trickles of water flowing between them, except in the sudden downpours, which are truly identical to the waddies bordering the Sahara. Layers of dark blue talc-schists stick out in brazen slabs, usually from banks, glittering with a metallic light, and above them stretch extensive layers of less resilient red clay whose stratographic planes are discordantly intercepted by veins of quartz. These latter formations, possibly silurian, cover the rest entirely as one travels to the north east and assume

dos fatos meteorológicos normais.

Deste modo se tem a cada passo, em todos os pontos, um lineamento incisivo de rudeza extrema. Atenuando-o em parte, deparam-se várzeas deprimidas, sedes de antigos lagos, extintos agora em ipueiras apauladas, que demarcam os pousos dos vaqueiros. Recortam-nas, no entanto, abertos em caixão, os leitos as mais das vezes secos de ribeirões que só se enchem nas breves estações das chuvas. Obstruídos, na maioria, de espessos lastros de blocos entre os quais, fora das enchentes súbitas, defluem tênues fios de água, são uma reprodução completa dos oueds que marginam o Saara. Despontam-lhes em geral, normais às barrancas, estratos de um talcoxisto azul-escuro em placas brunidas reverberando a luz em fulgurar metálico - e sobre elas, cobrindo extensas áreas, camadas menos resistentes de argila vermelha, cindidas de veios de quartzo, interceptando-lhes, discordantes, os planos

36

more normal proportions. They reveal the genesis of the flat tablelands covered with hardy vegetation such as the mangaba which are prominent as far as Jeremoabo. But to the north their strata are more steeply inclined. A series of bare hillocks follow, their collapsing slopes divided up by creaks made hollow by occasional torrents and their summits divided up by rows of the same quartz infiltrations in the form of plates, exposed by the decomposition of the schists in which they lie.

In the crude daylight of the wilderness those harsh slopes dazzle with the blinding brilliance of their radiant fire.

And yet the constant erosion breaks the continuity of these strata which in other places actually disappear beneath the chalk formations. But the whole is barely affected. Their state of dilapidation fits well into the rugged terrain. And in the areas where they

estratigráficos. Estas últimas formações, silurianas talvez, cobrem de todo as demais à medida que se caminha para NE e apropriam-se a contornos mais corretos. Esclarecem a gênese dos tabuleiros rasos, que se desatam, cobertos de uma vegetação resistente, de mangabeiras, até Jeremoabo. Para o norte, porém, inclinam-se mais fortemente as camadas. Sucedem-se cômoros despidos, de pendores resvalantes, descaindo em quebradas onde enxurram torrentes periódicas, solapando-os; e pelos seus topos divisam-se, alinhadas em fileiras, destacadas em lâminas, as mesmas infiltrações quartzosas, expostas pela decomposição dos xistos em que se embebem.

À luz crua dos dias sertanejos aqueles cerros, aspérrimos rebrilham, estonteadoramente - ofuscante, num irradiar ardentíssimo.

As erosões constantes quebram, porém, a continuidade destes estratos que ademais, noutros pontos,

stretch out flat across the ground completely unprotected from the corrosive acidity of the tempestuous downpours, their scored surfaces become riddled with circular cavities and deep channels, minute but countless, their proximity giving rise to cutting edges and needle-sharp points that prevent them from being crossed.

So, wherever you go there are these obstacles, low but abrupt, around which the roads wind, unless they are juxtaposed for many leagues to the dry beds of exhausted streams. And however amateur he may be, on leaving the majestic vistas spread out to the south and facing the disturbing spectacle of that tortured nature, the observer will get the lasting impression of treading upon the recently raised bed of an extinct sea, whose tumult of waves and whirlpools has been fixed in those rigid layers.

desaparecem sob as formações calcárias. Mas o conjunto pouco se transmuda. A feição ruiniforme destas, casa-se bem a dos outros acidentes. E nos trechos em que elas se estiram, planas, pelo solo, desabrigadas de todo ante a acidez corrosiva dos aguaceiros tempestuosos, crivam-se, escarificadas, de cavidades circulares e acanaladuras fundas, diminutas mas inúmeras, tangenciando-se em quinas de rebordos cortantes, em pontas e duríssimos estrepes que impossibilitam as marchas.

Deste modo, por qualquer vereda, sucedem-se acidentes pouco elevados mas abruptos, pelos quais tornejam os caminhos, quando não se justapõem por muitas légua aos leitos vazios dos ribeirões esgotados. E por mais inexperto que seja o observador - ao deixar as perspectivas majestosas, que se desdobram ao Sul, trocando-as pelos cenários emocionantes daquela natureza torturada, tem a

impressão persistente de calcar o fundo recém-sublevado de um mar extinto, tendo ainda estereotipada naquelas camadas rígidas a agitação das ondas e das voragens...

A Geologist's Dream

It's a gripping idea, and would appeal to the naturalist with a romantic streak, to suppose that waves and currents were swirling there long ago, in the terciary age. Because, in spite of the lack of data we would need - in the elegant words of Huxley - to make the kind of retrospective prophecy that could suggest its situation in the far distant past, all of the features of this zone we have considered would support this bold concept.

And they do support it: the strange nudity of the land; the remarkable alignments of its fractured matter into genuine contours on the sides of the sierras; escarpments at the end of tablelands that lead to

Um sonho de geólogo

É uma sugestão empolgante.
Vai-se de boa sombra com um naturalista algo romântico, imaginando-se que por ali turbilhonaram, largo tempo, na idade terciária, as vagas e as correntes.
Porque, a despeito da escassez de dados permitindo uma dessas profecias retrospectivas, no dizer elegante de Huxley, capaz de esboçar a situação daquela zona em idades remotas, todos os caracteres que sumariamos reforçam a concepção aventurosa.
Alentam-na ainda: o estranho desnudamento da terra; os alinhamentos notáveis em que jazem os materiais fraturados, orlando, em verdadeiras curvas de nível, os flancos

steep drops, reminding one of cliffs; and, up to a certain point, the remains of Pliocene fauna that transform the potholes into enormous graveyards filled with the bones of mastodons, all broken and disjointed, as if the life in that place had been suddenly assaulted and extinguished by the unbridled energies of a cataclysm.

We also have the presumption derived from the previous situation, as revealed by positive data. The researches of Frederick Hartt in fact establish the existence of undeniable cretaceous basins in the areas around Paulo Afonso, and since the fossils that define them are identical to the ones found in Peru and Mexico, and are contemporaries of the ones discovered by Agassiz in Panama, All of these elements support the deduction that the waves of a vast cretaceous ocean broke onto the frontlands of the two Americas, joining the Atlantic to the

das serranias; as escarpas dos tabuleiros terminando em taludes a prumo, que recordam falaises; e, até certo ponto, os restos da fauna pliocena, que fazem dos caldeirões enormes ossuários de mastodontes, cheios de vértebras caldeirões desconjuntadas e partidas, como se ali a vida fosse, de chofre, salteada e extinta pelas energias revoltas de um cataclismo.

Há também a presunção derivada de situação anterior, exposta em dados positivos. As pesquisas de Fred. Hartt, de fato, estabelecem, nas terras circunjacentes a Paulo Afonso, a existência de inegáveis bacias cretáceas; e sendo os fósseis que as definem idênticos aos encontrados no Peru e México, e contemporâneos dos que Agassiz descobriu no Panamá - todos estes elementos se acolchetam no deduzir-se que vasto oceano cretáceo rolou as suas ondas sobre as terras fronteiras das duas Américas, ligando o Atlântico ao Pacífico. Cobria, assim, grande parte

Pacific.

It thus covered a large part of the northern Brazilian states, and extended as far as the upper terraces of the the plateaux, where extensive sedimentary deposits reveal a more ancient age, the middle palaeozoic.

Standing out among the large islands then emerging, the highest peaks of our ranges barely pointed north in the immense solitude of the waters …

The Andes did not exist, nor did the Amazon; a broad channel between the uplands of the Guianas and those of the continent left them stranded and separate. Towards the south the massif of Goiás – the oldest in the world according to Gerber's deduction – that of Minas and part of the São Paulo Plateau, where the volcano of Caldas was ablaze and fully active, constituted the nucleus of the future continent …

Because a general rising process was slowly taking dos Estados setentrionais brasileiros, indo bater contra os terraços superiores dos planaltos, onde extensos depósitos sedimentários denunciam idade mais antiga, o paleozóico médio.

Então, destacadas das grandes ilhas emergentes, as grimpas mais altas das nossas cordilheiras mal apontavam ao norte, na solidão imensa das águas...

Não existiam os Andes o Amazonas, largo canal entre altiplanuras das Guianas e as do continente, separava-as, ilhadas. Para as bandas do sul o maciço de Goiás - o mais antigo do mundo - segundo a dedução dedução de Gerber, o de Minas e parte do Planalto Paulista, onde fulgurava, em plena atividade, o vulcão de Caldas, constituíam o núcleo do continente futuro . . .

Porque se operava lentamente uma sublevação geral: as Nassas graníticas alteavam-se ao norte arrastando o conjunto geral das terras numa rotação vagarosa em torno de um eixo, imaginado por Em. Liais entre os chapadões de

place. The granite masses were rising to the north pulling the general mass of land in a vague rotation about an axis imagined by Em, joined between the ridges at Barbacena and Bolivia. Simultaneously, at the start of the terciary époque, we see the prodigious rise of the Andes; new lands emerge from the waters: the Amazonian channel closes off at one end and becomes the greatest of rivers; scattered archipelagos extend and connect up into isthmuses, and the larger coastal contours become established and smoothed off, thus gradually giving form to America.

Then the lands at the extreme north of Bahia, culminating in the quartzite cliffs of Monte Santo and the peaks of Itiúba scattered across the waters, expanded in a continuous ascent. These continued rising slowly, and while the recently-exposed highlands were left dotted with lakes, the

Barbacena e a Bolívia. Simultaneamente ,ao abrir-se a época terciária, se realiza o fato prodigioso do alevantamento dos Andes; novas terras afloram nas águas: tranca-se, num extremo, o canal amazônico, transmudando-se no maior dos rios; ampliam-se os arquipélagos esparsos, e ganglionam-se em istmos, e fundem-se; arredondam-se, maiores, os contornos das costas; e integra-se lentamente, a América.

Então os terrenos da extrema setentrional da Bahia, que se resumiam nos cachopos de quartzito de Monte Santo e visos de Itiúba, esparsos pelas águas, avolumaram-se, num ascender contínuo. Elas nesse vagaroso altear-se, enquanto as regiões mais altas recém-desvendadas, se salpintavam de lagos, toda a parte média daquela escarpa permanecia imersa. Uma corrente impetuosa, de que é forma decaído a atual da nossa costa, enlaçava-a. E embatendo-a longamente, domina enquanto o resto do país, ao sul, se erigia já constituído, e corroendo-a, e

middle parts of the escarpment remained under water. An impetuous current, from which the weathered outline of our modern coast is derived, worked it all together. And this prevails through long persistence, while the rest of the country to the south arises already fashioned, by corroding it, grinding it, churning towards the west and carrying with it all of the loose material, thus modeling that corner of Bahia until it emerged completely with the general movement of the land, a shapeless heap of ruined mountains.

So the desert regime became established there in flagrant antagonism to the geographic conditions: on an escarpment that bears no resemblance to the undrained depressions of a classic desert. Apparently the newly created region is still preparing itself for Life: lichens are still attacking the rocks, fertilizing the land. And, striving tenaciously against the triturando-a, remoinhando para oeste e arrebatando todos os materiais desagregados, modelava aquele recanto da Bahia até que ele emergisse de todo, seguindo o movimento geral das terras, feito informe amontoado de montanhas derruídas.

O regímen desértico ali se firmou, então, em flagrante antagonismo com as disposições geográficas: sobre uma escarpa, onde nada recorda as depressões sem escoamento dos desertos clássicos.

Acredita-se que a região incipiente ainda está preparando-se para a Vida: o líquen ainda ataca a pedra, fecundando a terra. E lutando tenazmente com o flagelar do clima, uma flora de resistência rara por ali entretece a trama das raízes, obstando, em parte, que as torrentes arrebatem todos os princípios exsolvidos - acumulando-os pouco a pouco na conquista da paragem desolada cujos contornos suaviza - sem impedir, contudo, nos estios longos, as insolações

scourge of the climate, an unusually hardy flora interweaves its fabric of roots, partly preventing the torrents from washing away the fragmented raw materials – but accumulating them bit by bit in the conquest of the desolate region whose contours they wear smooth - though without preventing the merciless sunlight of extended droughts and the savage waters from degrading the soil.

Hence the doleful atmosphere that assails us as we cross that unknown stretch of wilderness – almost a desert – whether we squeeze through the naked undulations of hill country, or disperse ourselves in the monotony of vast empty spaces …

inclementes e as águas selvagens, degradando o solo.

Daí a impressão dolorosa que nos domina ao atravessarmos aquele ignoto trecho do sertão - quase um deserto - quer se aperte entre as dobras de serranias nuas ou se estire, monotonamente, em descampados grandes...

II

A glimpse of the Monte Santo Uplands

If we look out from the Monte Santo Uplands over an area stretching for

II

Golpe de vista do alto de Monte Santo

Do alto da serra de Monte Santo atentando-se para a região, estendida em torno

44

fifteen leagues, we can observe its orographic makeup as if on a relief map. And we note that instead of running towards the source, along a median between between the courses of the Vaza-Barris and the Itapicuru, thus forming their *divortium aquarum*, they run to the north. Such is the case of the Serra Grande and the Serra Atanásio, which run north west and north respectively, and separately at first, to fuse with the Acaru, where the sources of the Bendegó and it ephemeral tributaries intermittently come to life. Together they join the Serras de Caraíbas and do Lopes and in turn become absorbed by them to form the Cambaio range, whence the small Coxomongó and Calumbi ranges radiate, and to the north east the towering peaks of the Caipã. Following the same tendency, the Serra do Aracati runs to the north west on the edge of the Jeremoabo Tablelands and

num raio de quinze léguas, nota-se, como num mapa em relevo, a sua conformação orográfica. E vê-se que as cordas de serras, ao invés de se alongarem para o nascente, medianas aos traçados do Vaza-Barris e Itapicuru, formando-lhes o divortium aquarum, progridem para o norte. Mostram-no as serras Grande e do Atanásio, correndo, e a princípio distintas, uma para NO e outra para N e fundindo-se na do Acaru, onde abrolham os mananciais intermitentes do Bendegó e seus tributários efêmeros. Unificadas, aliam-se às de Caraíbas e do Lopes e nestas de novo se embebem, formando-se as massas do Cambaio, de onde irradiam as pequenas cadeias do Coxomongó e Calumbi, e para o noroeste os píncaros torreantes do Caipã. Obediente à mesma tendência, a do Aracati, lançando-se a NO, à borda dos tabuleiros de Jeremoabo, progride, descontínua, naquele rumo e, depois de entalhada pelo Vaza-Barris

continues intermittently in that direction, and after being carved out by the Vaza-Barris at Cocorobó it turns to the west and divides into the Canabrava and the Poço-de-Cima, which prolong it. Eventually they all proceed in an elliptical curve to the south closed by a hill, the Morro da Favela, around a wide undulating plain where the village of Canudos is situated – and thence disperse and fragment to the north, ending up as high escarpments beside the S. Francisco. As we proceed to the north then, seeking the ridge carved out by the Parnaiba, that talus on the plateaux seems to fold into a headland, disturbing the whole drainage area of the S. Francisco below the confluence of the Patamuté into a network of streams that have no name or character by any standard, and forces the Vaza-Barris to take a winding course from which it emerges at Jeremoabo by turning towards the coast.

em Cocorobó, inflete para o poente, repartindo-se nas da Canabrava e Poço-de-Cima, que a prolongam. Todas traçam, afinal, elítica curva fechada ao sul por um morro, o da Favela, em torno de larga planura ondeante onde se erigia o arraial de Canudos - e daí para o norte, de novo se dispersam e decaem até acabarem em chapadas altas à borda do S. Francisco.

Deste modo, no ascender para o norte, procurando o chapadão que o Parnaíba escava, aquele talude dos planaltos parece dobrar-se num ressalto, perturbando toda a área de drenagem do S. Francisco abaixo da confluência do Patamuté, num traçado de torrentes sem nome, inapreciáveis na mais favorável escala, e impondo ao Vaza-Barris um curso tortuoso do qual ele se liberta em Jeremoabo, ao infletir para a costa.

Este é um rio sem afluentes. Falta-lhe conformidade com o declive da terra. Os seus pequenas tributários, o Bendegó e Caraíbas, volvendo águas transitórias,

This is a river without tributaries. It doesn't conform to the inclination of the land. Its little tributaries, the Bendegó and the Caraibas, with their transitory waters flowing in rudely sculpted beds, do not follow the depressions in the ground. There is the fugitive existence of the rainy seasons. They are more like drainage channels, opened at random by the storms – or swiftly flowing streams confined by the nearest topographical features, which often put them at odds with the general orographical layout. They are rivers that go uphill. They fill up quickly; they overflow, dredging out their beds and thus annulling the obstacle of the general slope of the land; they flow for several days into the main river, then they disappear, returning to their previous state as dry, meandering ditches filled with stones.

The Vaza-Barris itself, a river without sources in whose bed grass is dentro dos leitos rudemente escavados, não traduzem as depressões do solo. Têm a existência fugitiva das estações chuvosas. São, antes, canais de esgotamento, abertos a esmo pelos enxurros - ou correntes velozes que, adstritas aos relevos topográficos mais próximos, estão, não raro, em desarmonia com as disposições orográficas gerais. São rios que sobem. Enchem-se de súbito; transbordam; reprofundam os leitos, anulando o obstáculo do declive geral do solo; rolam por alguns dias para o rio principal; e desaparecem, volvendo ao primitivo aspecto de valos em torcicolos, cheios de pedras, e secos.

O próprio Vaza-Barris, rio sem nascentes em cujo leito viçam gramíneas e pastam os rebanhos, não teria o traçado atual se corrente perene lhe assegurasse um perfil de equilíbrio através de esforço contínuo e longo. A sua função como agente geológico é revolucionária. As mais vezes cortado, fracionando-se em gânglios

47

abundant and herds graze, would not have its present course if a constant stream had ensured its equilibrium by virtue of a long and continuous action. Its function as a geological agent is revolutionary. Frequently cut off and broken into stagnant or dry ganglia, like a wide and dusty twisting bed, when it is swollen in spate, receiving the wild and thunderous waters from the hills, it flows for several weeks with churning muddy waters and rapidly drains to extinction – 'vazando' – as its name in Portuguese, an apt replacement of its old indigenous name, suggests. It is a wave descending from the slopes of Itiúba, multiplying the current's energy in the tightness of the ravines and flowing swiftly between steep river banks or blocked up in the hills as far as Jeremoabo.

We see how its surroundings imitate its brutal condition – forcing it through harsh terrain, without the opulent estagnados, ou seco, à maneira de larga estrada poenta e tortuosa, quando cresce, empanzinado, nas cheias, captando as águas selvagens que estrepitam nos pendores, volve por algumas semanas águas barrentas e revoltas, extinguindo-se logo em esgotamento completo, vazando, como o indica o dizer português, substituindo-lhe com vantagem a antiga denominação indígena. É uma onda tombando das vertentes da Itiúba, multiplicando a energia da corrente no apertado dos desfiladeiros, e correndo veloz entre barrancos, ou entalada em serras, até Jeremoabo.

Vimos como a natureza, em roda, lhe imita o regímen brutal - calcando-o em terreno agro, sem os cenários opulentos das serras e dos tabuleiros ou dos sem-fins das chapadas - mas feito um misto em que tais disposições naturais se baralham, em confusão pasmosa: planícies que de perto revelam séries de cômoros, retalhados de

surroundings of the ranges and the tablelands, or the endless escarpments – but rather a mixture in which these ordered elements of nature are jumbled into a frightful mess: plains which turn out to be rows of hillocks when you approach them; hills that look very high beside their valleys but are just a few dozen metres above the ground, and tables which, when crossed, reveal the chaotic ruggedness of their brutal, gaping crevices. None of the beautiful effects of slow attrition in remodelling the slopes, in opening up horizons and in setting off the immensity of the central highlands with towering ranges, thereby bestowing upon the natural landscapes an enchanting grandness of perspectives in which sky and earth are fused in a distant and surprising blend of colours …

Meanwhile, after traversing what seems to be the detritis of an earthquake, an unexpected scene awaits the traveller algares; morros que o contraste das várzeas faz de grande altura e estão poucas dezenas de metros sobre o solo, e tabuleiros que em sendo percorridos mostram a acidentação caótica de boqueirões escancelados e brutos. Nada mais dos belos efeitos das denudações lentas, no remodelar os pendores, no despertar os horizontes e no desatar - amplíssimos - os gerais pelo teso das cordilheiras, dando aos quadros naturais a encantadora grandeza de perspectivas em que o céu e a terra se fundem em difusão longínqua e surpreendedora de cores...

Entretanto, inesperado quadro esperava o viandante que subia, depois desta travessia em que supõe pisar escombros de terremotos, as ondulações mais próximas de Canudos.

who goes up the last hills to Canudos.

On top of the Favela

From the top of the Favela he could then look round to get a quick impression of the whole terrain. But there is nothing that reminds him of the scenes he'd beheld. Before him is the antithesis of what he had seen. There are the same rugged features and below them the same chaotic terrain with its harsh covering of stony places and denuded scrubland. But the combination of so many harsh and incorrect features – wandering networks of cliffs, banks of gullies gouged out by the torrents – present the beholder with an entirely new prospect. And one can see how the simple rural folk in their credulity might have believed that "there was the sky …"

The settlement, ahead and below, was standing in the same troubled terrain. But

Do alto da Favela

Galgava o topo da Favela. Volvia em volta o olhar para abranger de um lance o conjunto da terra. E nada mais divisava recordando-lhe os cenários contemplados. Tinha na frente a antítese do que vira. Ali estavam os mesmos acidentes e o mesmo chão, embaixo, fundamente revolto, sob o indumento áspero dos pedregais e caatingas estonadas... Mas a reunião de tantos traços incorretos e duros - arregoados divagantes de algares, sulcos de despenhadeiros, socavas de bocainas, criava-lhe perspectiva inteiramente nova. E quase compreendia que os matutos crendeiros de imaginativa ingênua, acreditassem que "ali era o céu...".

O arraial, adiante e embaixo, erigia-se no mesmo solo perturbado. Mas vistos daquele ponto, de permeio a

seen from that point, with the middle distance softening and smoothing out the edges – all of the many short cliffs stretching downwards and reaching uniformly out in all directions gave the impressions of a wide, undulating plane. And around that, a majestic ellipse of mountains.

Like Canabrava to the north east with its simple, curved form; then above that Poço, which is steep and high; Cocorobó to the east with its undulating saddles distributed in spurs; the rectilinear slopes of Calumbi to the south; the ridges of Cambaio running to the west; and then the agitated contours of Caipâ to the north – all of these are joined up in a gradual inflection, forming the massive closed curve.

Seeing those lofty ridges from a distance, and almost on the same level, as they cross the horizon, the observer gets an exhilarating sense of being on a very high plateau, an incomparable firmament distância suavizando-lhes as encostas e aplainando-os - todos os serrotes breves e inúmeros, projetando-se em plano inferior e estendendo-se, uniformes, pelos quadrantes, davam-lhe a ilusão de uma planície ondulante e grande.

Em roda uma elipse majestosa de montanhas...

A Canabrava, a nordeste, de perfil abaulado e simples; a do Poço de cima, próxima, mas íngreme e alta; a de Cocorobó, no levante, ondulando em seladas, dispersa em esporões; as vertentes retilíneas do Calumbi ao sul; as grimpas do Cambaio, no correr para o poente; e, para o norte, os contornos agitados do Caipã -ligam-se e articulam-se no infletir gradual traçando, fechada, a curva desmedida.

Vendo ao longe, quase de nível, trancando-lhe o horizonte, aquelas grimpas altaneiras, o observador tinha a impressão alentadora de se achar sobre plateau elevadíssimo, páramo incomparável repousando sobre as serras.

Na planície rugada,

resting upon the ranges. On the rugged plain below, one hardly notices the little wandering, twisting water courses …

Only one stands out, the Vaza-Barris. It meanders and winds across it, and one of its convolutions contains a larger depression, surrounded by hills. Packed into this, filling it right up with a countless jumble of roofs, we espy an enormous collection of shacks …

III
The Climate

From the few points we've made, it's clear that the geological and topographical features of those places exchange their typical influences with the other physical agents, making it impossible to establish which is preponderant. If, on the one hand, genetic conditions react strongly on the latter, they in turn contribute to their aggravation, and

---

embaixo, mal se lobrigavam os pequenos cursos d'água, divagando, serpeantes...

Um único se distinguia, o Vaza-Barris. Atravessava-a, torcendo-se em meandros. Presa numa dessas voltas via-se uma depressão maior, circundada de colinas... E atulhando-a, enchendo-a toda de confusos tetos incontáveis, um acervo enorme de casebres...

III
O clima

Dos breves apontamentos indicados, resulta que os caracteres geológicos e topográficos, a par dos demais agentes físicos, mutuam naqueles lugares as influências características de modo a não se poder afirmar qual o preponderante.

Se, por um lado, as condições genéticas reagem fortemente sobre os últimos, estes, por sua vez, contribuíram para o agravamento daquelas; e

everything persists through their reciprocal influences. From this perennial conflict in the form of an indefinite vicious circle emerges the mesological integrity of the place. We cannot comprehend it in all ways. We lack observations about the things of this earth, with the easy inertia of well-fed beggars. No pioneer of science could yet bear the discomforts of that piece of wilderness for long enough to explain it. Martius passed through it with the basic intention of observing the aerolith which fell beside the Bendegó, and it was already known to the academies of Europe since 1810 thanks to F. Mornay and Wollaston. Upon entering the wild region – *desertus austral* as he baptized it – he barely saw that it was covered with an exuberant flora, a *sylva horrida* in his startled latin. Those who were there before and after him went tramping on, chastized by the dog star, taking the

todas persistem nas influência recíprocas. Deste perene conflito feito num círculo vicioso indefinido, ressalta a dignificação mesológica do local. Não há abrangê-la em todas modalidades. Escasseiam-nos as observações às coisas desta terra, com uma inércia cômoda de mendigos fartos.

Nenhum pioneiro da ciência suportou ainda as agruras daquele rincão sertanejo, em prazo suficiente para o definir.

Martius por lá passou, com a mira essencial de observar o aerólito, que tombara à margem do Bendegó e era já, desde 1810, conhecido nas academias européias, graças a F. Mornay e Wollaston. Rompendo, porém, a região selvagem, desertus austral, como a batizou, mal atentou para a teria recamada de uma flora extravagante, sylva horrida, no seu latim alarmado. Os que o antecederam e sucederam palmilharam, ferretoados da canícula, as mesmas trilhas rápidas, de quem foge. De sorte que sempre evitado, aquele

same quick trails of those who would flee. And so that wilderness, always avoided and unknown today, will remain so for a long time in the future.

All we are left with now are vague conjectures. We crossed it during the prelude to a blazing summer, and seeing only in this situation we are confronted with its worst side. The description that we write here has the defective quality of this isolated impression, compounded by a backdrop where calm contemplation gives way to the emotions of war. On top of this, the data available from a single thermometer and a suspect aneroid, the miserable scientific arsenal at our disposal in that place, do not even provide the vaguest guidelines about climates which diverge in accordance with the slightest topographical variations, creating different aspects between adjoining places. That of Monte Santo for example,

sertão, até hoje desconhecido, ainda o será por muito tempo.

O que se segue são vagas conjeturas. Atravessamo-lo no prelúdio de um estio ardente e, vendo-o apenas nessa quadra, vimo-lo sob o pior aspecto. O que escrevemos tem o traço defeituoso dessa impressão isolada, desfavorecida, ademais, por um meio contraposto à serenidade do pensamento, tolhido pelas emoções da guerra. Além disto os dados de um termômetro único e de um aneróide suspeito, misérrimo arsenal científico com que ali lidamos, nem mesmo vagos lineamentos darão de climas que divergem segundo as menores disposições topográficas, criando aspectos díspares entre lugares limítrofes. O de Monte Santo, por ex., que é, ao primeiro comparar, muito superior ao de Queimadas, diverge do dos lugares que lhe demoram ao norte, sem a continuidade que era lícito prever de sua situação intermédia. A proximidade das massas montanhosas

which is far above that of Queimadas in our first comparison, differs from that of the places lying to the north, without the continuity one would expect from its intermediate situation. The proximity of the mountain ranges makes it stable, reminding us of a maritime regime in mid-continent: a temperature scale oscillating between insignificant limits; a firmament in which the transparence of the air is total and its clarity constant; and prevailing winds, SE in winter and NE in summer, alternating, usually without much rigour. But it is insulated. Whichever way the traveller leaves it on a day trip. If he goes to the north he meets violent transitions: the temperature goes up; the blue skies become laden; the atmsosphere grows dim; and winds blow chaotically from all directions – drawn on strongly by the exposed lands that stretch out ahead. And this excessive

torna-o estável, lembrando um regímen marítimo em pleno continente: escala térmica oscilando em amplitudes insignificantes; firmamento onde a transparência dos ares é completa e a limpidez inalterável; e ventos reinantes, o SE no inverno e o NE no estio - alternando-se com rigorismo raro. Mas está insulado. Para qualquer das bandas, deixa-o o viajante num dia de viagem. Se vai para o norte, salteiam-no transições fortíssimas: a temperatura aumenta; carrega-se o azul dos céus; embaciam-se os ares; e as ventanias rolam desorientadamente de todos os quadrantes - ante a tiragem intensa dos terrenos desabrigados, que dali por diante se estiram. Ao mesmo tempo espelha-se o regímen excessivo: o termômetro oscila em graus disparatados passando, já em outubro, dos dias com 35° à sombra para as madrugadas frias.

No ascender do verão acentua-se o desequilíbrio. Crescem a um tempo as máximas e as mínimas, até

climate is mirrored at the same time: the thermometer goes mad, from over 35° in the shade on some days in October to cold at dawn.

As the Summer approaches the disequilibrium grows. The maximums and minimums increase at the same time until during the driest period the hours pass in an unnatural intermittence of hot days and freezing nights.

The bare earth, with the emissive and absorbent capacities of its constituent materials opposed and in permanent conflict, absorbs the intense heat of the sunlight and releases it promptly. It heats up and cools down again in 24 hours. The Sun beats down and it absorbs its rays. It multiplies them, reflects them and refracts them in a dazzling reverberation. Hilltops and cliffs are lit up in a blaze of glittering flashes from the fractured silica, and the atmosphere at ground level is like a shimmering furnace where the effervescence of the que no fastígio das secas transcorram as horas num intermitir inaturável de dias queimosos e noites enregeladas.

A terra desnuda tendo contrapostas, em permanente conflito, as capacidades emissiva e absorvente dos materiais que a formam, do mesmo passo armazena os ardores das soalheiras e deles se esgota, de improviso. Insola-se e enregela-se, em 24 horas. Fere-a o sol e ela absorve-lhe os raios, e multiplica-os e reflete-os, e refrata-os, num reverberar ofuscante: pelo topo dos cerros, pelo esbarrancado das encostas, incendeiam-se as acendalhas da sílica fraturada, rebrilhantes, numa trama vibrátil de centelhas; a atmosfera junto ao chão vibra num ondular vivíssimo de bocas de fornalha em que se pressente visível, no expandir das colunas aquecidas, a efervescência dos ares; e o dia, incomparável no fulgor, fulmina a natureza silenciosa, em cujo seio se abate, imóvel, na quietude

heated columns in expansion can be seen; and the day, incomparable in its brilliance, consumes the leafless structures of silent, unmoving flora, in the stillness of a long convulsion.

The night falls without dusk and without warning, like the leap of darkness over a red fringe on the western horizon – and all this heat is released into space in the most intense radiation, with the temperature falling in a single, drastic fall …

Cruel variations do nevertheless occur. Dense banks of clouds, billowing from the north-east, scud over the burning sands towards evening. The Sun disappears while the mercury column remains static, or tends to rise. The night comes amid heat; the ground radiates like a dark Sun, as if stinging with hidden chaff, yet all this ardour is reflected by the clouds and returns to ground. The barometer falls, as when a storm approaches; and one can de um longo espasmo, a galhada sem folhas da flora sucumbida.

Desce a noite, sem crepúsculo, de chofre - um salto da treva por cima de uma franja vermelha do poente - e todo este calor se perde no espaço numa irradiação intensíssima, caindo a temperatura de súbito, numa queda única, assombrosa …

Ocorrem, todavia, variantes cruéis. Propelidas pelo nordeste, espessas nuvens, tufando em cúmulos, pairam ao entardecer sobre as areias incendidas. Desaparece o sol e a coluna mercurial permanece imóvel, ou, de preferência, sobe. A noite sobrevém em fogo; a terra irradia como um sol escuro, porque se sente uma dolorosa impressão de faúlhas invisíveis; mas toda a ardência reflui sobre ela, recambiada pelas nuvens. O barômetro cai, como nas proximidades das tormentas; e mal se respira no bochorno inaturável em que toda a adustão golfada pela soalheira se concentra numa hora única da noite.

hardly breathe the unnaturally hot air in which the Sun's heat is compressed for one hour of the night.

By contrast, understandably, this situation never occurs during summer paroxysms of drought, dominated by the succession of blazing days and freezing nights that aggravate the woes of suffering country folk.

Just like the unique imbalance of forces that work the land, the blustering, churning winds in those parts normally move in wide circular formations. And in the months when they are strongest, the north easterly is the one that leaves a record of its direction in all it touches. But these aerial agitations disappear for long months and give way to an all-pervading calm — unmoving air above the placid luminosity of scorching days. Imperceptibly, the upward currents of heated vapour go into action, sucking the

Por um contraste explicável, este fato jamais sucede nos paroxismos estivais das secas, em que prevalece a intercadência de dias esbraseados e noites frigidíssimas, agravando todas as angústias dos martirizados sertanejos.

Copiando o mesmo singular desequilíbrio das forças que trabalham a terra, os ventos ali chegam, em geral, turbilhonando revoltos, em rebojos largos. E, nos meses em que se acentua, o nordeste grava em tudo sinais que lhe recordam o rumo.

Estas agitações dos ares desaparecem, entretanto, por longos meses; reinando calmarias pesadas - ares imóveis sob a placidez luminosa dos dias causticantes. Imperceptíveis exercem-se, então, as correntes ascensionais dos vapores aquecidos sugando à terra a umidade exígua; e quando se prolongam, esboçando o prelúdio entristecedor da seca, a secura da atmosfera atinge a graus anormalíssimos.

scant humidity from the ground and, if prolonged, producing the first sad signs of drought, the dryness of the air now reaching exceptional levels.

Unique Hygrometers

We do not observe it with the rigour of a classical viewpoint, but with the help of strange and unexpected hygrometers. This we encountered once in late September as we skirted Canudos to avoid the monotony of a dreary barrage of sullen, intermittent artillery, and were descending a slope where hills were distributed round a single valley, like an irregular amphitheatre. Little bushes of flourishing green capers growing in tufts were interspersed with sprays of bright flowers, making the whole place seem like of an old, abandoned garden.On one side was a single tree, a tall quixabeira, towering above

Higrômetros singulares

Não a observamos através do rigorismo de processos clássicos, mas graças a higrômetros inesperados e bizarros.
Percorrendo certa vez, nos fins de setembro, as cercanias de Canudos, fugindo à monotonia de um canhoneio frouxo de tiros espaçados e soturnos, encontramos, no descer de uma encosta, anfiteatro irregular, onde as colinas se dispunham circulando a um vale único. Pequenos arbustos, icozeiros virentes viçando em tufos intermeados de palmatórias de flores rutilantes, davam ao lugar a aparência exata de algum velho jardim em abandono. Ao lado uma árvore única, uma quixabeira alta, sobranceando a

the puny vegetation.

The setting sun extended its long shadow across the ground, and under its protection – his arms flung wide, his face turned to the sky – a soldier rested. He'd been resting there for three months, killed in the assault that took place on the 18th of July. The butt of his smashed mannlicher, his belt and beret cast to one side and his uniform in shreds suggested that he had fallen in close combat with a powerful foe. The black scab of a deep cut on his forehead was clear evidence of the fatal blow. And when they had buried the dead a few days later, his body had not been found. He'd therefore failed to join his dead companions in their last formation in a common grave, less than a cubit deep.

The fate that had removed him from an unprotected home had in the end granted him a concession: it had spared him from the baleful promiscuity of a repugnant trench and left

vegetação franzina.

O sol poente desatava, longa, a sua sombra pelo chão, e protegido por ela - braços largamente abertos, face volvida para os céus, - um soldado descansava. Descansava... havia três meses.

Morrera no assalto de 18 de julho. A coronha da mannlicher estrondada, o cinturão e o boné jogados a uma banda, e a farda em tiras, diziam que sucumbira em luta corpo a corpo com adversário possante. Caíra, certo, derreando-se à violenta pancada que lhe sulcara a fronte, manchada de uma escara preta. E ao enterrar-se, dias depois, os mortos, não fora percebido. Não compartira, por isto, à vala comum de menos de um côvado de fundo em que eram jogados, formando pela última vez juntos, os companheiros abatidos na batalha. O destino que o removera do lar desprotegido fizera-lhe afinal uma concessão: livrara-o da promiscuidade lúgubre de um fosso repugnante; e deixara-o ali

him there for three months – his arms spread out, his face turned upwards to the sky, towards the blazing sunlight, to the brilliant moonlight and to the twinkling stars ... and he was intact. He'd simply rotted. He had been mummified, so to preserve his facial features and present the exact illusion of a weary fighter refreshing himself in tranquil slumber, in the shade of that friendly tree. Not one single worm – that lowest of tragic analysts of matter – had soiled his tissues. He'd returned to the swirl of life without repugnant decomposition, in a state of imperceptible exhaustion. He was an instrument for revealing, in the most absolute yet suggestive way, the extreme dryness of the air. The horses killed on that same day were like stuffed specimens from museums. Their necks were simply thinner and more elongated; their legs were dried up, their frames hard and wrinkled.

há três meses - braços largamente abertos, rosto voltado para os céus, para os sóis ardentes, para os luares claros, para as estrelas fulgurantes...
E estava intacto. Murchara apenas. Mumificara conservando os traços fisionômicos, de modo a incutir a ilusão exata de um lutador cansado, retemperando-se em tranqüilo sono, à sombra daquela árvore benfazeja. Nem um verme - o mais vulgar dos trágicos analistas da matéria - lhe maculara os tecidos. Volvia ao turbilhão da vida sem decomposição repugnante, numa exaustão imperceptível. Era um aparelho revelando de modo absoluto, mas sugestivo, a secura extrema dos ares.
Os cavalos mortos naquele mesmo dia semelhavam espécimens empalhados, de museus. O pescoço apenas mais alongado e fino, as pernas ressequidas e o arcabouço engelhado e duro.
À entrada do acampamento, em Canudos, um deles, sobre todos, se destacava impressionadoramente. Fora

At the entrance to the camp in Canudos, one of them was most striking. It was the horse of the valiant sub-lieutenant Wanderley, killed together with its rider. Staggereing down the steep slope in its death throws, it had fallen off the edge and got stuck in in the undergrowth. It was thus almost standing upright, with its front hooves resting on an outcrop of rock ... And there it was suspended like a fantastic animal rearing above the hillside in the final impetus of its paralysed charge, exactly as if it were alive, especially when its long, curling mane was shaken by the fierce gusts of the north-easterly wind.

When those sudden downward gusts encountered the rising columns, causing ferocious whirlwinds like minute cyclones, one got a stronger sensation of how dry that scorching place was. Every grain of sand suspended above the hard, cracked ground gave out the brute heat of the

a montada de um valente, o alferes Wanderley; e abatera-se, morto juntamente com o cavaleiro. Ao resvalar, porém, estrebuchando malferido, pela rampa íngreme, quedou, adiante, à meia encosta, entalado entre fraguedos. Ficou quase em pé, com as patas dianteiras firmes num ressalto da pedra... E ali estacou feito um animal fantástico, aprumado sobre a ladeira, num quase curvetear, no último arremesso da carga paralisada, com todas as aparências de vida, sobretudo quando, ao passarem as rajadas ríspidas do nordeste, se lhe agitavam as longas crinas ondulantes . . . Quando aquelas lufadas, caindo a súbitas, se compunham com as colunas ascendentes, em remoinhos turbilhonantes, à maneira de minúsculos ciclones, sentia-se, maior, a exsicação do ambiente adusto: cada partícula de areia suspensa do solo gretado e duro irradiava em todos os sentidos, feito um foco calorífico, a surda

burning earth in all directions, like a heat source. On top of this – during the lengthy calms – we saw bizarre optical phenomena.

Looking towards the distant countryside from the top of the Favela with the sun blazing right above and the surrounding scenery immobilized by the stagnant atmosphere, the ground became indistinct.

Our fascinated gaze was muddled by the instability of the variously heated layers, and seemed to be peering through a huge, intangible prism, unable to make out the bases of the mountains which appeared to be floating. Then, to the north of Canabrava, in the enormous expanse of disrupted plains, one beheld an astonishing undulation, a strange palpitation of far-off waves, the marvellous illusion of a bay in the sea, broad, iridescent, with the scattered light breaking against it, falling and rearing in a dazzling show

combustão da terra.

Fora disto - nas longas calmarias, fenômenos óticos bizarros.

Do topo da Favela, se a prumo dardejava o sol e a atmosfera estagnada imobilizava a natureza em torno, atentando-se para os descambados, ao longe, não se distinguia o solo.

O olhar fascinado perturbava-se no desequilíbrio das camadas desigualmente aquecidas, parecendo varar através de um prisma desmedido e intáctil, e não distinguia a base das montanhas, como que suspensas. Então, ao norte da Canabrava, numa enorme expansão dos plaiperturbados, via-se um ondular estonteador; estranho palpitar de vagas longínquas; a ilusão maravilhosa de um seio de mar, largo, irisado, sobre que caísse, e refrangesse, e ressaltasse a luz esparsa em cintilações ofuscantes...

of brightness …

IV
The Drought

The Wilderness of Canudos is a reference that summarizes the physiography of the wildernesses of the North. It exemplifies them, combining their predominant features on a reduced sale. It is in a way their shared central zone.

In fact, the pensinsular inflexion terminating in the cape of S. Roque is such that the inner limits of six states converge on it – Sergipe, Alagoas, Pernambuco, Paraiba, Ceará and Piauí – either touching it or stopping a few leagues from it.

It is thus natural that their climatic vicissitudes take place there with the same intensity, namely in its most incisive form, defined by a word that strike the utmost terror into the rude inhabitants of those parts – drought. We'll be forgiven for not studying it at length, for not listing all

IV
As secas

O sertão de Canudos é um índice sumariando a fisiografia dos sertões do Norte. Resume-os, enfeixa os seus aspectos predominantes numa escala reduzida. É-lhes de algum modo uma zona central comum.

De fato, a inflexão peninsular, extremada pelo cabo de S. Roque, faz que para ele convirjam as lindes interiores de seis Estados - Sergipe, Alagoas, Pernambuco, Paraíba, Ceará e Piauí - que o tocam ou demoram distantes poucas léguas.

Desse modo é natural que as vicissitudes climáticas daqueles nele se exercitem com a mesma intensidade, nomeadamente em sua manifestação mais incisiva, definida numa palavra que é o terror máximo dos rudes partícios que por ali se agitam - a seca.

Escusamo-nos de longamente a estudar,

the efforts of the most zealous spirits to reveal its origins from among an endless host of complex, elusive agents. Instead we can just present this fatal, inexorable event as it is recorded in a sequence of changeless numbers. In fact its cycles – and this is exactly what they are in technical terms – open and close with such a remarkable rhythm that they suggest the enactment of an as yet unknown law of nature.

Senator Tomás Pompeu was the first to show this in his presentation of a picture that was quite eloquent in itself, of the virtually identical occurrence of droughts in this century and the last, if we suppose that minor discrepancies were merely due to defects of observation or aberrations in the oral tradition that passed them down.

Whatever the case, a quick look at their repeated coincidence is enough to remove the element of chance.

So, to mention just the main ones, the droughts of (1710-1711), (1723-1727), (1736-1737), (1744-1745), (1777-1778) in the 19th century mirror those of (1808-1809), (1824-1825), (1835-1837), (1844-1845), (1877-1879) in this century.

This coincidence, which is almost invariably reflected as if it were the stencil of one pattern upon another, is underlined by the identity of long periods of respite which blunted the progress of the desolation in both cases.

In fact, the longest period of remission in the past century lasted 32 years (1745-1777), and there was another in this century that was absolutely the same, which is even more remarkable with an exact correspondence of dates (1845-1877).

If we examine the picture yet more closely, we notice other data that is positive and fixed, occurring with the rigourousness of unknowns being brought to light. We thus observe a

Assim, para citarmos apenas as maiores, as secas de (1710-1711), (1723-1727), (1736-1737), (1744-1745), (1777-1778), do século 18, se justapõem às de (1808-1809), (1824-1825) (1835-1837), (1844-1845), (1877-1879), do atual.

Esta coincidência, espelhando-se quase invariável, como se surgisse do decalque de uma quadra sobre outra, acentua-se ainda na identidade das quadras remansadas e longas que, em ambas, atreguaram a progressão dos estragos.

De fato, sendo, no século passado, o maior interregno de 32 anos (1745-1777), houve no nosso outro absolutamente igual e, o que é sobremaneira notável, com a correspondência exatíssima das datas (1845-1877).

Continuando num exame mais íntimo do quadro, destacam-se novos dados fixos e positivos, aparecendo com um rigorismo de incógnitas que se desvendam. Observa-se, então, uma cedência raro perturbada na marcha do

rarely altered slackening in the progress of this curse for fairly constant intervals of between nine and twelve years, permitting accurate forecasts about the date of its return.

And yet, in spite of the absolute simplicity of the immediate results, this problem - which can be expressed in the most basic arithmetical formula - remains insoluble.

Hypotheses about the genesis of drought

Eager to know the reason for this rarely-altered progression, and fixing it rather forcedly at twelve years, one naturalist, the Baron of Capanema, had the idea of seeking its remote origin in extra-terrestrial events, so remarkable for the inviolable periods in which they take place. And he found a perfect simile for the regularity with which they appear and disappear, namely the spots in the solar photosphere.

flagelo, intercortado de intervalos pouco díspares entre nove e doze anos, e sucedendo-se de maneira a permitirem previsões seguras sobre a sua irrupção.

Entretanto, apesar desta simplicidade extrema nos resultados imediatos, o problema, que se pode traduzir na fórmula aritmética mais simples, permanece insolúvel.

Hipóteses sobre a gênese das secas

Impressionado pela razão desta progressão raro alterada, e fixando-a um tanto forçadamente em doze anos, um naturalista, o barão de Capanema, teve o pensamento de rastrear nos fatos extraterrestres, tão característicos pelos períodos invioláveis em que se sucedem, a sua origem remota. E encontrou na regularidade com que repontam e se extinguem, intermitentemente, as manchas da fotosfera solar, um símile completo.

In fact those obscure nuclei, some vaster than the Earth, which darken within the surrounding brilliance of the faculae and drift slowly in accordance with the rotation of the Sun, take between nine and twelve years to pass between their maxium and minimum intensity. And since the genial intuition of Herschel long ago discovered their appreciable influence on the dosage of heat emitted to the Earth, the correlation was unshakeably established, supported by geometrical and physical data linked to a single effect.

It remained to match the least of the spots, a shield to the radiation of the great star, with the peak of droughts on the tortured planet, in order to demonstrate the similarity between the periods of both.

But the intended theory fails at this point, where its form is most attractive: rarely in the North do the dates of this summer

De fato, aqueles núcleos obscuros, alguns mais vastos que a Terra, negrejando dentro da cercadura fulgurante das fáculas, lentamente derivando à feição da rotação do Sol, têm entre o máximo e o mínimo da intensidade, um período que pode variar de nove a doze anos. E como desde muito a intuição genial de Herschel lhes descobrira o influxo apreciável na dosagem de calor emitido para a Terra, a correlação surgia inabalável, neste estear-se em dados geométricos e físicos acolchetando-se num efeito único.

Restava equiparar o mínimo das manchas, anteparo à irradiação do grande astro, ao fastígio das secas no planeta torturado - de modo a patentear, cômpares, os períodos de umas e outras.

Falhou neste ponto, em que pese à sua forma atraentíssima, a teoria planeada: raramente coincidem as datas do paroxismo estival, no Norte, com as daquele.

O malogro desta tentativa,

paroxysm coincide with its dates there.

However, the failure of this endeavor reveals not so much the invalidity of an approximation imposed rigourously by such notable circumstances as the exclusivism of striving for a single cause. Because, in view of the inherent complexity of the material facts, the question is more dependent on secondary reasons that are closer and more forceful – the nature of the ground and geographical layout, and these will only be definitively resolved in a progressive, continuous manner when an extensive series of observations permits a definition of the main agents affecting the climate of the Sertão.

Whatever the case, these harsh conditions in the northern states are caused by fugitive, disordered agents without laws as yet defined, subject to local disturbances depending on the nature of the ground and more general reactions stemming from the

entretanto, denuncia menos a desvalia de uma aproximação imposta rigorosamente por circunstâncias tão notáveis, do que o exclusivismo de atentar-se para uma causa única. Porque a questão, com a complexidade imanente aos fatos concretos, se atém, de preferência, a razões secundárias, mais próximas e enérgicas, e estas, em modalidades progredindo, contínuas, da natureza do solo à disposição geográfica, só serão definitivamente sistematizadas quando extensa série de observações permitir a definição dos agentes preponderantes do clima sertanejo.

Como quer que seja, o penoso regímen dos Estados do Norte está em função de agentes desordenados e fugitivos, sem leis ainda definidas, sujeitas às perturbações locais, derivadas da natureza da terra, e a reações mais amplas, promanadas das disposições geográficas. Daí as correntes aéreas que o desequilibram e variam.

geographical layout. Hence the currents of air which change and upset the balance.

It is determined largely, and perhaps mainly by the north-east monsoon, caused by strong suction from the highlands of the interior, which as we know are the scene of great barometric depressions in Summer over a vast area stretching to the Mato Grosso. Attracted by these, the brisk north-easterly blowing across the northern coasts from December until March is uniquely favoured by the very land formation in its swift passage over the bald escarpments whose intense radiation raises their saturation point and reduces the likelihood of rain, driving it on towards the furthest recesses of the continent and the great river basins with all the humidity absorbed as it crossed the sea. Indeed, with minor exceptions, the orographical layout of the Sertão – ranges of mountains running in

Determina-o em grande parte, e talvez de modo preponderante, a monção de nordeste, oriunda da forte aspiração dos planaltos interiores que, em vasta superfície alargada até ao Mato Grosso, são, como se sabe, sede de grandes depressões barométricas, no estio. Atraído por estas, o nordeste vivo, ao entrar, de dezembro a março, pelas costas setentrionais, é singularmente favorecido pela própria conformação da terra, na passagem célere por sobre os chapadões desnudos que irradiando intensamente lhe alteiam o ponto de saturação diminuindo as probabilidades das chuvas, e repelindo-o, de modo a lhe permitir acarretar para os recessos do continente, intacta, sobre os mananciais dos grandes rios, toda a umidade absorvida na travessia dos mares.

De fato, a disposição orográfica dos sertões, à parte ligeiras variantes - cordas de serras que se alinham para nordeste paralelamente à monção reinante - , facilita a

parallel with the prevailing monsoon to the north-east – facilitates its passage. It channels it. It doesn't obstruct the passage with a barrier of slopes, blocking it, lifting it, causing it to cool and condense into rain.

One of the reasons for drought thus resides in the topographical layout.

What the tortured lands of the North require is another range running perpendicular to that wind to give rise to dynamic cooling, as the expression goes.

A natural fact on a higher level illustrates this hypothesis.

It is thus that the droughts always appear between two dates long established in local practice, the 12th December and the 19th March. Outside these limits there is not a single example of extinction of drought. Once passed, it is fatally prolonged for the whole year, until the cycle is renewed. This being so, and bearing in mind that it is precisely during this travessia desta. Canaliza-a. Não a contrabate num antagonismo de encostas, abarreirando-a, alteando-a, provocando-lhe resfriamento e a condensação em chuvas.

Um dos motivos das secas repousa, assim, na disposição topográfica.

Falta às terras flageladas do Norte uma alta serrania que, correndo em direção perpendicular àquele vento, determine a dynamic colding, consoante um dizer expressivo.

Um fato natural de ordem mais elevada esclarece esta hipótese.

Assim é que as secas aparecem sempre entre duas datas fixadas há muito pela prática dos sertanejos, de 12 de dezembro a 19 de março. Fora de tais limites não há um exemplo único de extinção de secas. Se os atravessam, prolongam-se fatalmente por todo o decorrer do ano, até que se reabra outra vez aquela quadra. Sendo assim e lembrando-nos que é precisamente dentro deste intervalo que a longa faixa das calmas equatoriais, no

interval that the long belt of equatorial calms drifts over the zenith of these States in its slow oscillation about the equator, as far as the frontiers of Bahia, could we not imagine it for example with the effect of an ideal mountain running from east to west, momentarily correcting the lamentable orographic formation and blocking the monsoon, forcing the currents upwards and bringing about the subsequent cooling and immediate condensation into diluvian downpours that would fall onto the wilderness forthwith.

This development of conjectures has the value of showing how many remote factors may influence a question which interests us on two levels – for its higher significance in science, and for its more intimate significance for the destiny of a large part of our country. So if we remove the hitherto uselessly debated influence of the prevailing winds,

seu lento oscilar em torno do equador, paira no zênite daqueles Estados. levando a borda até aos extremos da Bahia, não poderemos considerá-la, para o caso, com a função de uma montanha ideal que correndo de leste a oeste corrigindo momentaneamente lastimável disposição orográfica, se anteponha a monção e lhe provoque a parada, a ascensão das correntes, o resfriamento subseqüente e a condensação imediata nos aguaceiros diluvianos que tombam então, de súbito, sobre os sertões ?

Este desfiar de conjeturas tem o valor de indicar quantos fatores remotos podem incidir numa questão que duplamente nos interessa pelo seu traço superior na ciência, e pelo seu significado mais íntimo no envolver o destino de extenso trato do nosso país. Remove, por isto, a segundo plano o influxo até hoje inutilmente agitado dos alísios, e é de alguma sorte fortalecido pela intuição do próprio sertanejo para quem

this is somehow reinforced by the intuition of the inhabitants themselves, for whom the persistence of the northeasterly – the drought wind as they so expressively call it – means the permanence of an irremediable and most cruel situation.

The beneficial conditons arrive unannounced. After two or three years, as in 1877-1879, during which the Sun heats up the bald escarpments intensely, its very intensity gives rise to an inevitable reagent. The atmospheric pressure finally drops considerably everywhere. The barrier of rising hot-air currents is set up more solidly and strongly in the way of those which come in from the coast. The impact between these two unleashes violent storms and they ascend through lightning flashes, clouding the sky over in no time at all, then swiftly dissolving into violent downpours on the scorching desert.

We then observe the barrier of those rising a persistência do nordeste - o vento da seca, como o batiza expressivamente - equivale à permanência de uma situação irremediável e crudelíssima.

As quadras benéficas chegam de improviso.

Depois de dois ou três anos, como de 1877-1879, em que a insolação rescalda intensamente as chapadas desnudas, a sua própria intensidade origina um reagente inevitável. Decai afinal, por toda a parte, de modo considerável, a pressão atmosférica. Apruma-se maior e mais bem definida, a barreira das correntes ascensionais dos ares aquecidos, antepostas às que entram pelo litoral. E entrechocadas umas e outras, num desencadear de tufões violentos, alteiam-se, retalhadas de raios, nublando em minutos o firmamento todo, desfazendo-se logo depois em aguaceiros fortes sobre os desertos recrestados.

Então parece tornar-se visível o anteparo das colunas ascendentes, que determinam o fenômeno, na

columns which have caused the phenomenon in their formidable collision with the north-easterly wind.

According to many witnesses the first showers from on high don't reach the ground. Half way down they evaporate in the burning currents that are moving upwards and return to the clouds, condense again then fall again and once more flow back up; until finally they touch the ground which previously they did not wet, returning yet again into the air with greater haste, evaporating almost as if they had fallen on incandescent plates, only to fall again in a swift and continuous shuttle until at last the first trickles of water start to form on the rocks, the first torrents flow down the slopes and cascade into ravines, accumulating tumultuously in swift-flowing streams which grow into turbid rivers weaving across the depressions of the land and filled with torn-up trees

colisão formidável com o nordeste.

Segundo numerosas testemunhas - as primeiras bátegas despenhadas da altura não atingem a terra. A meio caminho se evaporam entre as camadas referventes que sobem, e volvem, repelidas, às nuvens, para, outra vez condensando-se, precipitarem-se de novo e novamente refluírem; até tocarem o solo que a princípio não umedecem, tornando ainda aos espaços com rapidez maior, numa vaporização quase como se houvessem caído sobre chapas incandescentes, para mais uma vez descerem, numa permuta rápida e contínua, até que se formem, afinal, os primeiros fios de água derivando pelas pedras, as primeiras torrentes em despenhos pelas encostas, afluindo em regatos já avolumados entre as quebradas, concentrando-se tumultuariamente em ribeirões correntosos; adensando-se, estes, em rios barrentos traçados ao acaso, à feição dos declives, em cujas correntezas passam

74

and broken branches, carrying all before them in a mighty chaos of thundering, churning waters …

If the sudden onslaught is succeeded by regular rainfall, the Sertão is transformed and comes back to life. But often it will pass on in a swift cyclonic whirl. The quick drainage of the land and the evaporation, which then swiftly sets in, once again leaves them desolate and arid. And as the burning atmosphere comes in again, the hygrometric capacity of the winds will double, absorbing the sparse humidity of the ground from day to day, and reopening the inflexible cycle of drought …

velozmente os esgalhos das árvores arrancadas, rolando todos e arrebentando na mesma onda, no mesmo caos de águas revoltas e escuras...

Se ao assalto subitâneo se sucedem as chuvas regulares, transmudam-se os sertões, revivescendo. Passam, porém não raro, num giro célere, de ciclone. A drenagem rápida do terreno e a evaporação, que se estabelece logo mais viva, tornam-nos, outra vez, desolados e áridos. E penetrando-lhes a atmosfera ardente, os ventos duplicam a capacidade higrométrica, e vão, dia a dia, absorvendo a umidade exígua da terra - reabrindo o ciclo inflexível das secas...

The Caatingas

Now, travelling up the vales of the Sertão is more exhausting than crossing the bald steppes. There at least the traveller has the respite of a broad horizon

As caatingas

Então, a travessia das veredas sertanejas é mais exaustiva que a de uma estepe nua.

Nesta, ao menos, o viajante tem o desafogo de um

and the prospect of open plains.

But as the caatinga closes in upon him it cuts off his field of vision and oppresses him and stuns him, entwining him in a mass of thorns that don't draw him forward; they repel him with their stinging leaves, their thorns, their twigs split into needles; they stretch out before him league upon league, changeless in their desolated aspect: trees without leaves, dry tortured branches, twisted, tangled, reaching stiffly towards the sky or coiling across the ground like one huge tortuous embrace of agonized vegetation ...

Although the species here are not reduced like those of deserts − scant mimosas or rough euphorbias on a carpet of dry grass − and there is a wide variety of vegetation, the trees seen together look like a family of few types, almost reduced to a single unchanging species only varying in size but all having the same

horizonte largo e a perspectiva das planuras francas.

Ao passo que a caatinga o afoga; abrevia-lhe o olhar; agride-o e estonteia-o; enlaça-o na trama espinescente e não o atrai; repulsa-o com as folhas urticantes, com o espinho, com os gravetos estalados em lanças; e desdobra-se-lhe na frente léguas e léguas, imutável no aspecto desolado: árvores sem folhas, de galhos estorcidos e secos, revoltos, entrecruzados, apontando rijamente no espaço ou estirando-se flexuosos pelo solo, lembrando um bracejar imenso, de tortura, da flora agonizante . . .

Embora esta não tenha as espécies reduzidas dos desertos - mimosas tolhiças ou eufórbias ásperas sobre o tapete das gramíneas murchas - e se afigure farta de vegetais distintos, as suas árvores, vistas em conjunto, semelham uma só família de poucos gêneros, quase reduzida a uma espécie invariável, divergindo apenas no tamanho, tendo

conformation, the same appearance of dying vegetation, virtually having no trunks, just branches sticking straight out of the ground. And for the explicable effect of adaptation to the sparse conditions of the hostile terrain, developing painfully in tight circles, those which appear so varied in the forests now take on a single form. They are transformed and tend, in a slow metamorphosis, towards a very few types which have the attributes of those with a greater capacity for resistance. This is inflexibly and tenaciously imposed.

The fight for life, which in the forests becomes an irrepressible striving for the light in which the bushes stretch into vines to flee the oppressive shades and wind their way up as if clinging to the sunbeams rather than the tunks of the ancient trees, is quite the opposite in this case. It is darker, more original and more dramatic. The sunlight is the enemy

todas a mesma conformação, a mesma aparência de vegetais morrendo, quase sem troncos, em esgalhos logo ao irromper do chão. É que por um efeito explicável de adaptação às condições estreitas do meio ingrato, evolvendo penosamente em círculos estreitos, aquelas mesmo que tanto se diversificam nas matas ali se talham por um molde único. Transmudam-se, e em lenta metamorfose vão tendendo para limitadíssimo número de tipos caracterizados pelos atributos dos que possuem maior capacidade de resistência.

Esta impõe-se, tenaz e inflexível.

A luta pela vida, que nas florestas se traduz como uma tendência irreprimível para a luz, desatando-se os arbustos em cipós, elásticos, distensos, fugindo ao afogado das sombras e alteando-se presos mais aos raios do Sol do que aos troncos seculares de ali, de todo oposta, é mais obscura, é mais original, é mais comovedora. O Sol é o inimigo que é forçoso evitar,

which must be avoided, fooled or fought. And this avoidance, as we shall see below, somehow foreshadows the burial of the moribund vegetation, by the concealment of its branches in the ground. But as the ground in turn is harsh and crude, dried out by drainage from the slopes or sterilized by the suction of the strata which complete its roasting, the tougher species caught between two hostile elements – burning spaces and harsh soil – bear all the signs of this brute battle in their most abnormal appearance.

Leguminous plants which elsewhere would be tall here become dwarfs. And yet they spread out their fronds, extending the area of their contact with the air in order to absorb the scares elements diffused in it. Their tap roots atrophy in contact with the impenetrable subsoil and are replaced by an expanding mass of radiating secondary roots that form a swollen tangle

iludir ou combater. E evitando-o pressente-se de algum modo, como o indicaremos adiante, a inumação da flora moribunda, enterrando-se os caules pelo solo. Mas como este, por seu turno, é áspero e duro, exsicado pelas drenagens dos pendores ou esterilizado pela sucção dos estratos completando as insolações, entre dois meios desfavoráveis - espaços candentes e terrenos agros - as plantas mais robustas trazem no aspecto anormalíssimo, impressos, todos os estigmas desta batalha surda.

As leguminosas, altaneiras noutros lugares, ali se tornam anãs. Ao mesmo tempo ampliam o âmbito das frondes, alargando a superfície de contato com o ar, para a absorção dos escassos elementos nele difundidos. Atrofiam as raízes mestras batendo contra o subsolo impenetrável e substituem-nas pela expansão irradiante das radículas secundárias, ganglionando-as em tubérculos túmidos de seiva.

of sap-filled tubercles. Their leaves get smaller, fixed stiffly to the tips of their storks, as stiff as splinters to reduce their exposure to the sun. Their fruit are covered by a protective mantle, sometimes as hard as cones. When ripe they burst like bean pods as if they had steel springs, scattering the seeds with admirable efficiency across the ground. And every one of them has in the delicate perfume of its flowers an intangible shield which rises about it on cold nights to protect it from the sudden drops in temperature, like an invisible and enchanting tent to watch over it.

Thus disposed, the tree is equipped to react against the harsh conditions.

The wilderness is cauterized by the drought which spreads across it. The burning air is sterilized. The ground hardens, cracks and scorches. The north wind howls in the deserted places, and the caatinga

Amiúdam as folhas. Fitam-nas rijamente, duras como cisalhas, à ponta dos galhos para diminuírem o campo da insolação. Revestem de um indumento protetor os frutos, rígidos, às vezes, como estróbilos. Dão-lhes na deiscência perfeita com que as vagens se abrem, estalando como se houvessem molas de aço, admiráveis aparelhos para propagação das sementes, espalhando-as profusamente pelo chão. E têm, todas, sem excetuar uma única, no perfume suavíssimo das flores , anteparos intácteis que nas noites frias sobre elas se alevantam e se arqueiam obstando a que sofram de chofre as quedas de temperatura, tendas invisíveis e encantadoras, resguardando-as...

Assim disposta, a árvore aparelha-se para reagir contra o regímen bruto.

Ajusta-se sobre os sertões o cautério das secas; esterilizam-se os ares urentes; empedra-se o chão, gretando, recrestado; ruge o nordeste nos ermos; e, como um cilício dilacerador, a

grips the earth with thorny branches like a form of torture … but with all its functions reduced and in a latent state throughout the summer, the plant feeds on the reserves that it has built up and breaches the summer in readiness for transfiguration amid the glories of spring.

Some such species in more favourable locations beguile the harsh conditions even better, in a most surprising way.

These are shrubs which grow to a height of little more than a metre and have thick, broad shiny leaves, growing in large clusters or dotted around in the long grass, and which flower exuberantly amid the general desolation. These are the dwarf cashews, the typical *anacardia humilis* of the arid uplands, the cajuís of the natives.

When dug up, these strange plants prove to have surprisingly deep roots. You can't pull them up, and the more you delve the wider their descending

caatinga estende sobre a terra as ramagens de espinhos... Mas, reduzidas todas as funções, a planta, estivando, em vida latente, alimenta-se das reservas que armazena nas quadras remansadas e rompe os estios, pronta a transfigurar-se entre os deslumbramentos da primavera.

Algumas, em terrenos mais favoráveis, iludem ainda melhor as intempéries, em disposição singularíssima.

Vêem-se numerosos aglomerados em capões ou salpintando, isolados, as macegas, arbúsculos de pouco mais de metro de alto, de largas folhas espessas e luzidias, exuberando floração ridente em meio da desolação geral. São os cajueiros anões, os típicos anacardia humilis das chapadas áridas, os cajuís dos indígenas. Estes vegetais estranhos, quando ablaqueados em roda, mostram raízes que se entranham a surpreendente profundura. Não há desenraizá-los. O eixo descendente aumenta-lhes maior à medida que se

axis gets. Then finally we notice that it starts dividing dichotomically, and goes on down until it reaches a single, vigorous stem below.

These are not roots, they are branches. And those little bushes either scattered or appearing in clusters, sometimes over a wide area, are a single enormous tree which is completely buried.

Scourged by the Dogstar, scorched by the Sun, gnawed by the torrents, whipped by the wind, it seems to shrink from the onslaught of these contrasting elements and disappear underground, only displaying the topmost tips of its magnificent foliage.

Others, unlike these in their structure, adopt a different approach. The waters drained off in the swirling torrents or between the sloping schist layers get soaked up in the stems of bromelias and retained there for a long time, thus keeping them alive. At the height of

escava. Por fim se nota que ele vai repartindo-se em divisões dicotômicas. Progride pela terra dentro até a um caule único e vigoroso, embaixo.

Não são raízes, são galhos. E os pequeninos arbúsculos, esparsos, ou repontando em tufos, abrangendo às vezes largas áreas, uma árvore única e enorme, inteiramente soterrada.

Espancado pelas canículas, fustigado dos sóis, roído dos enxurros, torturado pelos ventos, o vegetal parece derrear-se aos embates desses elementos antagônicos e abroquelar-se daquele modo, invisível, no solo sobre que alevanta apenas os mais altos renovos da fronde majestosa.

Outros, sem esta conformação, se aparelham de outra sorte.

As águas que fogem no volver selvagem das torrentes, ou entre as camadas inclinadas dos xistos, ficam retidas, longo tempo, nas espatas das bromélias, aviventando-as. No pino dos verões, um pé de macambira é para o

summer a macambira plant (a kind of bromelia) is like a cup of crystalline pure water to the local people. The green caroás (a kind of bromelia) with their tall, triumphant flowers, the gravatás and wild pineapples, woven into imprenetrable clumps, behave in the same way, so well suited to those sterile regions. As is the case of most plants of the Sertão, their swordlike, smooth and glossy leaves facilitate condensation of the scarce humidilty brought there by the winds, and thus reduce the greatest risk to plantlife, that of widespread evaporation through the leaves of what is soaked up through the roots. Other types act in the same way, with systems that are different although equally resistant. The Nopals and cactuses, which are native throughout the area, are among the original species of Saint Hillaire. Classic types of the desert flora, more resistant than all others, they persist

matuto sequioso um copo d'água cristalina e pura. Os caroás verdoengos, de flores triunfais e altas; os gravatás e ananases bravos, trançados em touceiras impenetráveis, copiam-lhe a mesma forma, adrede feita àquelas paragens estéreis. As suas folhas ensiformes, lisas e lustrosas, como as da maioria dos vegetais sertanejos, facilitam a condensação dos vapores escassos trazidos pelos ventos, por maneira a debelar-se o perigo máximo à vida vegetativa, resultante de larga evaporação pelas folhas, esgotando e vencendo a absorção pelas radículas.

Sucedem-se outros, diversamente apercebidos, sob novos aprestos, mas igualmente resistentes.

As nopaleas e cactus, nativas em toda a parte, entram na categoria das fontes vegetais, de Saint-Hilaire. Tipos clássicos da flora desértica, mais resistentes que os demais, quando decaem a seu lado, fulminadas, as árvores todas, persistem inalteráveis ou

unaltered or even stronger when the last trees are struck down beside them.

They adapt to the harsh regimes, rejecting the milder climates in which they fade and wilter, whereas the blazing environment of the desert seems to favour the circulation of the sap within their tumid cladodes.

In the favelas (wild cassava), as yet unnamed by science and unknown to the scientists although familiar to the locals, we have perhaps the cauterization of a future leguminous genus with elongated hairy cells in their leaves for condensation, absorption and defence. On one side their epidermis cools far below the surrounding temperature at night causing brief precipitations of dew in spite of the dry conditions, while the other side is almost too hot to touch.

But in the case of species that are not so well mais vívidos talvez. Afeiçoaram-se aos regímens bárbaros; repelem os climas benignos em que estiolam e definham. Ao passo que o ambiente em fogo dos desertos parece estimular melhor a circulação da seiva entre os seus cladódios túmidos.

As favelas, anônimas ainda na ciência - ignoradas dos sábios, conhecidas demais pelos tabaréus -talvez um futuro gênero cauterium das leguminosas, têm, nas folhas de células alongadas em vilosidades, notáveis aprestos de condensação, absorção e defesa. Por um lado, a sua epiderme ao resfriar-se, à noite, muito abaixo da temperatura do ar, provoca, a despeito da secura deste, breves precipitações de orvalho; por outro, a mão, que a toca, toca uma chapa incandescente de ardência inaturável.

Ora, quando ao revés das anteriores as espécies não se mostram tão bem armadas para a reação vitoriosa, observam-se dispositivos porventura mais

equipped to prevail, we observe solutions which are perhaps even more interesting: they come together and embrace closely, transforming themselves into social plants. Since they are unable to react alone they control themselves, they congregate, they fall into line. Among these types are all the Caesalpinias and Catingueiras (type of caesalpinia), and in the areas where they appear they constitute 60% of the caatingas; Alecrins-dos-tabuleiros (garden rosemary), Canudos-de-Pito (pipe straws) and hollow-stemmed heliotropes, white speckled and with flowers on their stems, whence the most legendary of villages was named.

They do not feature among the Brazilian social plants of Humbolt, and it is possible that the former thrive alone in other climates.

There they associate. A tight solidarity forms underground in their roots, interessantes: unem-se, intimamente abraçadas, transmudando-se em plantas sociais. Não podendo revidar isoladas, disciplinam-se, congregam-se, arregimentam-se. São deste número todas as cesalpinas e as catingueiras, constituindo, nos trechos em que aparecem, sessenta por cento das caatingas; os alecrins-dos-tabuleiros, e os canudos-de-pito, heliotrópios arbustivos de caule oco, pintalgado de branco e flores em espiga, destinados a emprestar o nome ao mais lendário dos vilarejos...

Não estão no quadro das plantas sociais brasileiras, de Humboldt, e é possível que as primeiras vicejem, noutros climas, isoladas. Ali se associam. E, estreitamente solidárias as suas raízes, no subsolo, em apertada trama, retém as águas, retêm as terras que se desagregam, e formam, ao cabo, num longo esforço, o solo arável em que nascem, vencendo, pela capilaridade do inextricável tecido de radículas enredadas em malhas numerosas, a sucção

in a tight web which retains the water and the crumbling soil and after a long process forms the arable soil in which they are born, overcoming the insatiable suction of the sands and the strata through the capilliary action of their inextricable web of roots woven into a wide network. And they live. And live is the right word, because they do in fact display a trait that is superior to the passivity of vegetative evolution.

insaciável dos estratos e das areias. E vivem. Vivem é o termo - porque há, no fato, um traço superior à passividade da evolução vegetativa...

The Juazeiro

The juazeiros have the same characteristic, since they rarely lose their bright green leaves, specially shaped for vigorous reaction to the light. There are months and years of blazing heat. The harsh soil is impoverished. But in these cruel conditions, in which the heatwaves are at times intensified by the spontaneous combustion of dried withered branches rubbed together in the

O juazeiro

Têm o mesmo caráter os juazeiros, que raro perdem as folhas de um verde intenso, adrede modeladas às reações vigorosas da luz. Sucedem-se meses e anos ardentes. Empobrece-se inteiramente o solo aspérrimo. Mas, nessas quadras cruéis, em que as soalheiras se agravam, à vezes, com os incêndios espontaneamente acesos pelas ventanias atritando rijamente os galhos secos e

strong winds over the general impoverishment of the land, they spread their verdant branches, indifferent to the seasons, always in flower, dotting the desert with gold-coloured flowers.

They stand out gaily against the mournful stubble, like green, festive oases.

The harshness of the elements increases, however, in certain seasons, to the point of stripping them. This is because the bottoms of the pools are long sunk and the hardened storm-water beds reveal the footprints of passing oxen like giant moulds; and the wilderness makes life inappropriate for everything. By this time only the slender silent cacti stand above the dead land, thrusting up their round stalks which are divided into uniform polyhedral columns having the perfect symmetry of enormous candelabra. And as they loom above those desert places in the early evenings they bring forth a

estonados sobre o depauperamento geral da vida, em roda, eles agitam as ramagens virentes, alheios às estações, floridos sempre, salpintando o deserto com as flores cor de ouro, álacres, esbatidas no pardo dos restolhos - à maneira de oásis verdejantes e festivos.

A dureza dos elementos cresce, entretanto, em certas quadras, ao ponto de os desnudar: é que se enterroaram há muito os fundos das cacimbas, e os leitos endurecidos das ipueiras mostram, feito enormes carimbos, em moldes, os rastros velhos das boiadas; e o sertão de todo se impropriou à vida.

Então, sobre a natureza morta, apenas se alteiam os cereus esguios e silentes, aprumando os caules circulares repartidos em colunas poliédricas e uniformes, na simetria impecável de enormes candelabros. E avultando ao descer das tardes breves sobre aqueles ermos, quando os abotoam grandes frutos vermelhos destacando-se, nítidos, à meia luz dos

host of great red fruit which shine brightly in the half-light of dusk, as if they were huge candles blazing across the hillsides to stir our souls. These are typical of the extravagant summer flora.

The Mandacarus (jaramacaru cacti) grow to a considerable height and rarely appear in groups. They loom alone above the chaotic vegetation as an attractive novelty to start with. They operate by contrast. They stand in triumph while all around them wilts. The eye, grown weary with the painful contemplation of the tangled mass of twisted vegetation, is rested and refreshed to view their straight and upright stems. After a while, however, the obsession palls, because they give an unnatural sense of monotony to the whole place. They are repetitive, unchanging, all identical and the same size, equally spaced and distributed with the utmost regularity across the desert. The xiquexiques (peruvian

crepúsculos, eles dão a ilusão emocionante de círios enormes, fincados a esmo no solo, espalhados pelas chapadas, e acesos...

Caracterizam a flora caprichosa da plenitude do estio.

Os mandacarus (cereus jaramacaru), atingindo notável altura, raro aparecendo em grupos, assomando isolados acima da vegetação caótica, são novidade atraente, a princípio. Atuam pelo contraste. Aprumam-se tesos triunfalmente, enquanto por toda a banda a flora se deprime. O olhar, perturbado pelo acomodar-se à contemplação penosa dos acervos de ramalhos estorcidos, descansa e retifica-se percorrendo os seus caules direitos e corretos. No fim de algum tempo, porém, são uma obsessão acabrunhadora. Gravam em tudo monotonia inaturável, sucedendo-se constantes, uniformes, idênticos todos, todos do mesmo porte, igualmente afastados, distribuídos com uma ordem singular pelo

cacti) are a variant of lesser proportions, breaking up into branches smothered with thorns, curved and creeping, and covered with brilliantly white flowers. They like a hot and harsh environment. They are the classic flora of the scorching sands. They thrive in the blazing beds of granite slabs scourged by the Sun.

Their inseparable companions in this habitat, which the orchids themselves avoid, are the cabeças-de-frade (monk's head), which are ugly, monstruous melocacti, ellipsoidal in shape, grooved with prickly buds converging at the top to form a single deep-red flower. They appear inexplicably on bare rocks, giving the real impression by their size, their shape and the way they spread out, of bleeding severed heads just thrown around at random in tragic disorder. It is the minute fissures in the rocks that let them insinuate their long capillary roots to the lower

deserto.

Os xiquexiques (cactus peruvianus) são uma variante de proporções inferiores, fracionando-se em ramos fervilhantes de espinhos, recurvos e rasteiros, recamados de flores alvíssimas. Procuram os lugares ásperos e ardentes. São os vegetais clássicos dos areais queimosos. Aprazem-se no leito abrasante das lajens graníticas feridas pelos sóis.

Têm como sócios inseparáveis neste habitat, que as próprias orquídeas evitam, os cabeças-de-frade, deselegantes e monstruosos melocactos de forma elipsoidal, acanalada, de gomos espinescentes, convergindo-lhes no vértice superior formado uma flor única intensamente rubra. Aparecem de modo inexplicável, sobre a pedra nua, dando, realmente, no tamanho, na conformação, no modo por que se espalham, a imagem singular de cabeças decepadas e sanguinolentas jogadas por ali, a esmo, numa desordem trágica. É que estreitíssima

level where they may find residues of humidity free from evaporation.

And the whole vast family in all its aspect wilts away little by little, even the quipás,

creeping, thorny, most humble, woven across the ground like strands of a threadbare doormat, the slithering ripsalides which coil like green snakes round the branches, in partnership with the delicate pale-blue epiphyte cacti, held by suckers to the stalks of the ouricurizeiros, as if fleeing from the rude earth to the calm heights of the palmtree.

Here and there we come across other forms: the palmatorias-d-inferno (beatings from hell) opuntias with diminutive fronds diabolically bristling with prickles - bright red like the cochineals they feed; resplendent with flowers along their edge which joyfully alleviate the solemn monotony of the landscape.

frincha lhes permitiu insinuar, através da rocha, a raiz longa e capilar até a parte inferior, onde acaso existam, livres de evaporação, uns restos de umidade.

E a vasta família, revestindo todos os aspectos, decai, a pouco e pouco, até aos quipás reptantes, espinhosos, humílimos, trançados sobre a terra à maneira de espartos de um capacho dilacerador; às ripsalides serpeantes, flexuosas, como víboras verdes pelos ramos, de parceria com os frágeis cactos epifitas, de um glauco empalecido, presos por adligantes aos estipites dos ouricurizeiros, fugindo do solo bárbaro para o remanso da copa da palmeira.

Aqui, ali, outras modalidades: as palmatórias-do-inferno opúntias de palmas diminutas, diabolicamente erriçadas de espinhos - com o vivo carmim das cochonilhas que alimentam; orladas de flores rutilantes, quebrando alacremente a tristeza solene das paisagens...

E pouco mais especializa

And there are few greater surprises when you travel through those deserted regions on a bright day, among the trees without leaves and flowers. All the vegetation is completely tangled as if the forest has been felled. And the catandubas, a local word that means 'sick scrub', lying forlornly on its terrible bed of thorns!

The view from any of the surrounding hills reveals the same dismal scene: sick, distorted and dying vegetation in the last spasm of exhaustion. This is the sylva oestu aphylla, the sylva borrida, de Martius, opening a desert vacuum in the bright heart of tropical nature. And the truth of Aug. de Saint-Hillaire's paradoxical phrase then becomes comprehensible: "There is all the melancholy of winter, under the blazing sun and in the heat of summer!"

The crude light of the long days blazes down upon the still land but does not bring it to life. Quartz

quem anda, pelos dias claros, por aqueles ermos, entre árvores sem folhas e sem flores. Toda a flora, como em uma derrubada, se mistura em baralhamento indescritível. É a catanduva, mato doente, da etimologia indígena, dolorosamente caída sobre o seu terrível leito de espinhos !

Vingado um cômoro qualquer, postas em torno as vistas, perturba-as o mesmo cenário desolador: a vegetação agonizante, doente e informe, exausta, num espasmo doloroso...

É a sylva oestu aphylla, a sylva borrida, de Martius, abrindo no seio iluminado da natureza tropical um vácuo de deserto.

Compreende-se, então, a verdade da frase paradoxal, de Aug. de Saint-Hilaire: "Há, ali, toda a melancolia dos invernos, com um sol ardente e os ardores do verão!"

A luz crua dos dias longos flameja sobre a terra imóvel e não a anima. Reverberam as infiltrações de quartzo pelos cerros calcários, desordenadamente esparsos

infiltrations shimmer in chaotic distribution over the limestone hills with the whiteness of pack ice, while white tillandsias oscillate from the tips of deadwood branches like fluffy snowflakes, making the whole place look like a winter lanscape, frozen stiff ...

pelos ermos, num alvejar de banquises; e, oscilando à ponta dos ramos secos das árvores inteiriçadas, dependuram-se as tilândsias alvacentas, lembrando flocos esgarçados, de neve, dando ao conjunto o aspecto de uma paisagem glacial de vegetação hibernante, nos gelos . . .

The Tempest

A tormenta

But at the end of any afternoon in March, when night falls quickly without twilight, the stars shine brightly for the first time. Cloud masses fill the distant horizons, creating impressive skylines of black mountains. They gradually get higher, swelling and bursting into slow swirling movement upon high. Meanwhile the winds gather across the plains below, whipping and distorting the branches. Darkening in minutes, the firmament explodes into sudden, successive lightning, slashing the black storm

Mas no empardecer de uma tarde qualquer, de março, rápidas tardes sem crepúsculos, prestes afogadas na noite, as estrelas pela primeira vez cintilam vivamente.
Nuvens volumosas abarreiram ao longe os horizontes, recortando-os em relevos imponentes de montanhas negras.
Sobem vagarosamente; incham, bolhando em lentos e desmesurados rebojos, na altura; enquanto os ventos tumultuam nos plainos, sacudindo e retorcendo as galhadas.
Embruscado em minutos, o firmamento golpeia-se de

deeply. Thunderclaps mightily resound. The pouring rain falls widely across the land and floods it quickly …

relâmpagos precípites, sucessivos, sarjando fundamente a imprimadura negra da tormenta. Reboam ruidosamente as trovoadas fortes. As bátegas de chuva tombam grossas, espaçadamente, sobre o chão, adunando-se logo em aguaceiro diluviano...

Resurrection of the Flora

Ressurreição da flora

And the traveller gets a shock when he turns back - the desert is nowhere to be seen. The ground is covered with amaryllis and the tropical flora is triumphantly resurrected. The change is an apotheosis. The round mulungus beside the full pools are in leaf; the high baraúnas and caraíbas line the banks of the returning streams; the truncated marizeiros are heard rustling in the soft breeze; the small-leaved quixabeiras eagerly cover up the damaged and broken branches with their little fruit which look like beads of onyx; the more

E ao tornar da travessia o viajante, pasmo, não vê mais o deserto.
Sobre o solo, que as amarílis atapetam, ressurge triunfalmente a flora tropical.
É uma mutação de apoteose.
Os mulungus rotundos, à borda das cacimbas cheias, estafolhas; as caraíbas e baraúnas altas refrondescem à margem dos ribeirões refertos; ramalham, ressoantes, os marizeiros esgalhados, à passagem das virações suaves; assomam, vivazes, amortecendo as truncaduras das quebradas, as quixabeiras de folhas pequeninas e frutos que lembram contas de ônix;

exuberant icozeiros fill out the valley floors under the festive undulation of the coco-palms; clumps of wild rosemary flowers sway brightly across the plains and soften the hillsides with their fine, flexible stems; umburanas perfume the air which passes through its leafy fronds, while umbra trees (umbuzeiro) hold sway above the general revival, not because of their two-meter height so much as by the gracious proportions of their many branches spreading out in a circle.

mais virentes, adensam-se os icozeiros pelas várzeas, sob o ondular festivo das copas dos ouricuris: ondeiam, móveis, avivando a paisagem, acamando-se nos plainos, arredondando as encostas, as moitas floridas do alecrim-dos-tabuleiros, de caules finos e flexíveis; as umburanas perfumam os ares, filtrando-os nas frondes enfolhadas, e - dominando a revivescência geral - não já pela altura senão pelo gracioso do porte, os umbuzeiros alevantam dois metros sobre o chão, irradiantes em círculo, os galhos numerosos.

The Umbuzeiro

O umbuzeiro

This is the sacred tree of the Sertao, a faithful companion of the cowman's scarse hours of leisure and long hours of toil. It is the most apt example of adaptation in the flora of the Sertao. It was once perhaps more vigorous and tall, but it was then diminished gradually in the mutual

É a árvore sagrada do sertão. Sócia fiel das rápidas horas felizes e longos dias amargos dos vaqueiros. Representa o mais frisante exemplo de adaptação da flora sertaneja. Foi, talvez, de talhe mais vigoroso e alto - e veio descaindo, pouco a pouco, numa interdecadência de estios flamívomos e invernos torrenciais,

decadence of those flaming summers and torrential winters, adapting itself to both, developing its resistance and reaction, and ultimately defiance of the long-lasting droughts for its survival in the baleful seasons, thanks to the vital energy it has stored up in its roots throughout the milder seasons.

And it shares them with man. If the umbra tree did not exist that part of the Sertao, so sterile that it lacks the carnauba trees so providentially distributed through the neighbouring areas up to Ceara, it would be unpopulated. For the poor natives living in those parts the Umbu is like the mauritia for the garaunos of the plains.

It feeds them and slakes their thirst. It welcomes them to its soothing and friendly bosom where its curving, interwoven branches seem especially made to sling their swaying hammocks. And when the good weather comes it gives them its

modificando-se à feição do meio, desinvoluindo, até se preparar para a resistência e reagindo, por fim, desafiando as secas duradouras, sustentando-se nas quadras miseráveis mercê da energia vital que economiza nas estações benéficas das reservas guardadas em grande cópia nas raízes.

E reparte-as com o homem. Se não existisse o umbuzeiro aquele trato de sertão, tão estéril que nele escasseiam os carnaubais tão providencialmente dispersos nos que o convizinham até ao Ceará, estaria despovoado. O umbu é para o infeliz matuto que ali vive o mesmo que a mauritia para os garaunos dos llanos.

Alimenta-o e mitiga-lhe a sede. Abre-lhe o seio acariciador e amigo, onde os ramos recurvos e entrelaçados parecem de propósito feitos para a armação das redes bamboantes. E ao chegarem os tempos felizes dá-lhe os frutos de sabor esquisito para o preparo da umbuzada

exquisitely-flavoured fruit to make their traditional umbuzada.

Their cattle crave the bitter sap of its leaves, even in times of plenty. Its firm, rounded presence above the ground like that of a garden shrub, makes ideal fodder for the taller cattle. Their dome-like presence dominates the flora of the sertao in the milder seasons, just as the dreary cacti do in the spasms of summer heat.

tradicional.

O gado, mesmo nos dias de abastança, cobiça o sumo acidulado das suas folhas. Realça-se-lhe, então, o porte, levantada, em recorte firme, a copa arredondada, num plano perfeito sobre o chão, à altura atingida pelos bois mais altos, ao modo de plantas ornamentais entregues à solicitude de práticos jardineiros. Assim decotadas semelham grandes calotas esféricas. Dominam a flora sertaneja nos tempos felizes, como os cereus melancólicos nos paroxismos estivais.

The jurema

A jurema

The jurema is a favourite of the natives. Like a potent hashish it provides them with a free yet priceless beverage to revive them after their long journeys. It remedies their fatigue in minutes like a magic philtre. They spread out forming hedges, impenetrable barriers dressed up in tiny leaves; the rare marizeiros also

As juremas, prediletas dos caboclos - o seu haxixe capitoso, fornecendo-lhes, grátis, inestimável beberagem, que os revigora depois das caminhadas longas, extinguindo-lhes as fadigas em momentos, feito um filtro mágico - derramam-se em sebes, impenetráveis tranqueiras disfarçadas em folhas diminutas; refrondam os

come back to life - those mysterious trees which pressage the returning rains, the beloved season of 'green' which ends the 'lean' - by sweating some drops of water from the dry bark of their trunks at the height of the drought. The anjicos become green, the juas become yellow in their thickets, the baraunas with their flowers in clusters and araticums bordering the swamps ... while scattered across the highlands in relief or on the rounded hillocks are the umbuzeiros, studded with brilliant white flowers and their budding foliage which would gradually be transformed from pale green to the bright pink of their new buds, a sight which draws our attention as the most cheerful aspect of this stunning landscape.

The Sertão is a paradise

The Sertão is a paradise ... the resistant fauna of the caatingas is revived at the same time: the shy

marizeiros raros - misteriosas árvores que pressagiam a volta das chuvas e das épocas aneladas do "verde" e o termo da "magrém" - quando, em pleno flagelar da seca, lhes porejam na casca ressequida dos troncos algumas gotas d'água; reverdecem os angicos; lourejam os juás em moitas, e as baraúnas de flores em cachos, e os araticuns à ourela dos banhados... mas, destacando-se, esparsos pelas chapadas, ou no bolear dos cerros, os umbuzeiros, estrelando flores alvíssimas, abrolhando em folhas, que passam em fugitivos cambiantes de um verde pálido ao róseo vivo dos rebentos novos, atraem melhor o olhar, são a nota mais feliz do cenário deslumbrante.

O sertão é um paraíso

E o sertão é um paraíso... Ressurge ao mesmo tempo a fauna resistente das caatingas: disparam pelas

96

peccaries breaks out of the humid lowlands; the russet-shinned boars pass in herds through the fields of stubble munching loudly; emus cross the high ground at high speed, spurred on by the goads beneath their wings; the sad-voiced seriemas and the vibrant sericoias sing on the floating islands beside the swamps where tapirs come to drink and take a brief rest from their brutal stampede in a straight line through the caatinga, flattening all before them; and the pumas, romping joyfully through the tall grass, dispatching the cunning couples of rock cavies to their rocky hideouts, or lying in wait for skittish deer and young cattle which have strayed from the herd.

baixadas úmidas os caititus esquivos; passam, em varas, pelas tigüeras num estrídulo estrepitar de maxilas percutindo, os queixadas de canela ruiva; correm pelos tabuleiros altos, em bandos, esporeando-se com os ferrões de sob as asas, as emas velocíssimas; e as seriemas de vozes lamentosas, e as sericóias vibrantes, cantam nos balsedos, à fimbria dos banhados onde vem beber o tapir estacando um momento no seu trote, brutal, inflexivelmente retilíneo, pela caatinga, derribando árvores; e as próprias suçuaranas, aterrando os mocós espertos que se aninham aos pares, nas luras dos fraguedos, pulam, alegres, nas macegas altas, antes de quedarem nas tocaias traiçoeiras aos veados ariscos ou novilhos desgarrados...

Mornings in the Sertão

Now is the time of mornings without equal, in which the eastern dawn

Manhãs sertanejas

Sucedem-se manhãs sem par, em que o irradiar do levante incendido retinge a

light has the purple tint of the erythrina, enhancing and highlighting the violet bark of the umburanas (Bursera leptophleus) and the multicoloured festoons of begonias. The air is alive with the beat of wings, swiftly aflutter, and pierced by a chorus of strange clarion calls.

And in the tumult of disordered flight we see wood pigeons in migrating bands and noisy groups of parrots swirling around … and then the contented cowboys with their woes behind them as they drive their fattened cattle down the country trails, singing their favourite songs, day after day.

One, two, six months of plenty go by thanks to the exuberance of the land, and then quietly, imperceptibly, in their accursed rhythm, the leaves and flowers break off and fall, and the drought is etched once more in the dead boughs of the deciduous trees …

púrpura das eritrinas e destaca melhor, engrinaldando as umburanas de casca arroxeada, os festões multicores das bignônias. Animam-se os ares numa palpitação de asas, céleres, ruflando. - Sulcam-nos as notas de clarins estranhos. Num tumultuar de desencontrados vôos passam, em bandos, as pombas bravas que remigram, e rolam as turbas turbulentas das maritacas estridentes... enquanto feliz, deslembrado de mágoas, segue o campeiro pelos arrastadores, tangendo a boiada farta, e entoando a cantiga predileta...

Assim se vão os dias.

Passam-se um, dois, seis meses venturosos, derivados da exuberância da terra, até que surdamente, imperceptivelmente, num ritmo maldito, se despeguem, a pouco e pouco, e caiam, as folhas e as flores, e a seca se desenhe outra vez nas ramagens mortas das árvores decíduas....

V

A geographical category which Hegel did not cite

Let us resume and tie up these sparse lines. Hegel outlined three geographical categories as fundamental elements collaborating with others in the region: about man, creating ethnical differentiation:

The steppes with their stunted vegetation, or vast arid plains; the intensely irrigated fertile valleys; the coastal areas and islands.

The plains of Venezuela; the savannahs which stretch across the Mississipi valley, the immense pampas and the Atacama itself detached above the Andes - that vast terrace with its shifting dunes - fall rigorously within the first.

In spite of their long summers, their formidable sand storms and their sudden inundations, they are not incompatible with life.

But they do not tie man to the land. Their rudimentary

V

Uma categoria geográfica que Hegel não citou

Resumamos, enfeixemos estas linhas esparsas.

Hegel delineou três categorias geográficas como elementos fundamentais colaborando com outros no reagi: sobre o homem, criando diferenciações étnicas:

As estepes de vegetação tolhiça, ou vastas planícies áridas; os vales férteis, profusamente irrigados; os litorais e as ilhas.

Os llanos da Venezuela; as savanas que alargam o vale do Mississípi, os pampas desmedidos e o próprio Atacama desatado sobre os Andes - vasto terraço onde vagueiam dunas - inscrevem-se rigorosamente nos primeiros.

Em que pese aos estios longos, as trombas formidáveis de areia, e ao saltear de súbitas inundações, não se incompatibilizam com a vida.

Mas não fixam o homem à

99

flora of grasses and sedges (cyperaceae) reviving vigorously in the rainy seasons is an incentive to the pastoral life, to societies of wandering shepherds in those plains, always on the move and constantly erecting and dismantling their tents, highly mobile and off at the first sign of the summer heat. They do not attract. They always present the same scene of a depressing monotony, with the single difference of their colour: an unmoving ocean with no waves or beaches.

They have the centrifugal force of the desert: they repel, they disunite, they disperse. They cannot be tied to humanity by the nuptial link of the furrowing plough. They are ethnic isolators like the coastal ranges or the Mongolian steppes, pounded by the turbulent mobs of wandering tartars in a wild stampede.

But the Sertões of the north, which at first sight may seem comparable to terra.

A sua flora rudimentar, de gramíneas e ciperáceas, reviçando vigorosa nas quadras pluviosas, é um incentivo à vida pastoril, às sociedades errantes dos pegureiros, passando móveis, num constante armar e desarmar de tendas, por aqueles plainas - rápidas, dispersas aos primeiros fulgores do verão.

Não atraem. Patenteiam sempre o mesmo cenário de uma monotonia acabrunhadora, com a variante única da cor: um oceano imóvel, sem vagas e sem praias.

Têm a força centrífuga do deserto: repelem; desunem; dispersam. Não se podem ligar a humanidade pelo vinculo nupcial do sulco dos arados. São um isolador étnico como as cordilheiras e o mar, ou as estepes da Mongólia, varejadas, em corridas doidas, pelas catervas turbulentas dos tártaros errabundos.

Aos sertões do Norte, porém, que à primeira vista se lhes equiparam, falta um lugar no quadro do pensador

them, have no place in the German thinker's scheme. While crossing them in the summer, they would naturally seem to fall into the first sub-division; while crossing them in winter they would appear to be an essential part of the second. Barbarically sterile; marvellously exuberant …

At the height of the dry season they are a positive desert. But when they do not reach to the point of forcing the most painful retreat, man will struggle like the trees with the reserves he has made in times of plenty and, in this ferocious, anonymous and terribly obscure combat, lost in the solitude of the uplands, nature does not abandon him altogether. It shields him far beyond the hour of despair, when the last pool is empty.

After the rains have come the land is transfigured, as we have seen, and undergoes fantastic changes by comparison with the previous desolation. The dry valleys

germânico.

Ao atravessá-los no estio, crê-se que entram, de molde, naquela primeira subdivisão; ao atravessá-los no inverno, acredita-se que são parte essencial da segunda.

Barbaramente estéreis; maravilhosamente exuberantes...

Na plenitude das secas são positivamente o deserto. Mas quando estas não se prolongam ao ponto de originarem penosíssimos êxodos, o homem luta como as árvores, com as reservas armazenadas nos dias de abastança e, neste combate feroz, anônimo, terrivelmente obscuro, afogado na solidão das chapadas, a natureza não o abandona de todo. Ampara-o muito além das horas de desesperança, que acompanham o esgotamento das últimas cacimbas.

Ao sobrevir das chuvas, a terra, como vimos, transfigura-se em mutações fantásticas, contrastando com a desolação anterior. Os vales secos fazem-se rios. Insulam-se os cômoros escalvados, repentinamente

become rivers. Bare terraces become islands and are suddenly verdant. Flowering vegetation covers the wide gorges and disguises the rough cliffs, rounding off the random rock piles into smooth hills, joining the larger edges interspersed with valleys to the high ground with these softer contours. The temperature falls. With the end of the heatwaves the abnormal dryness of the air terminates too. New tones in the landscape: the spatial transparence brings out the more delicate lines in all their variety of form and colour.

The horizons are widened. Without the heavy blue of the desert the firmament grows higher and deeper before the reviving expansion of the land.

The Sertão is a fertile valley, an immense orchard with no owner.

Then all this comes to an end. The days of torture return; the asphyxiating atmosphere, the hardening of the ground; the stripped verdejantes. A vegetação recama de flores, cobrindo-os, os grotões escancelados, e disfarça a dureza das barrancas, e arredonda em colinas os acervos de blocos disjungidos - de sorte que as chapadas grandes, intermeadas de convales, se ligam em curvas mais suaves aos tabuleiros altos. Cai a temperatura. Com o desaparecer das soalheiras anula-se a secura anormal dos ares. Novos tons na paisagem: a transparência do espaço salienta as linhas mais ligeiras, em todas as variantes da forma e da cor.

Dilatam-se os horizontes. O firmamento sem o azul carregado dos desertos alteia-se, mais profundo, ante o expandir revivescente da terra.

E o sertão é um vale fértil. É um pomar vastíssimo, sem dono.

Depois tudo isto se acaba. Voltam os dias torturantes; a atmosfera asfixiadora; o empedramento do solo; a nudez da flora; e nas ocasiões em que os estios se ligam sem a intermitência das chuvas - o espasmo

flora; and on the occasions when the summers join up without the intermittence of rain - the haunting spectre of drought.

Nature amuses itself with a game of antitheses.

They thus impose a special division in this picture. The most interesting and expressive - set like a mediator between the excessively fertile valleys and the most arid steppes.

Leaving aside for now its significance as a factor of ethnic differentiation, let us consider its role in the economics of the land.

Nature does not normally create deserts. It fights them, repels them. Inexplicable gaps occur, at times along astronomical lines that define the maximum exuberance of life. Expressed in the classic type of the Sahara - which is a generic term for the deseret region stretching from the Atlantic to the Indian Ocean including Egypt and Syria, assuming all the aspects of the enormous African depression to the

assombrador da seca.

A natureza compraz-se em um jogo de antíteses.

Eles impõem por isto uma divisão especial naquele quadro. A mais interessante e expressiva de todas - posta, como mediadora, entre os vales nimiamente férteis e as estepes mais áridas.

Relegando a outras páginas a sua significação como fator de diferenciação étnica, vejamos o seu papel na economia da terra.

A natureza não cria normalmente os desertos. Combate-os, repulsa-os. Desdobram-se, lacunas inexplicáveis, às vezes sob as linhas astronômicas definidoras da exuberância máxima da vida. Expressos no tipo clássico do Saara - que é um termo genérico da região maninha dilatada do Atlântico ao Indico, entrando pelo Egito e pela Síria, assumindo todos os aspectos da enorme depressão africana ao plateau arábico ardentíssimo de Nedjed e avançando daí para as areias dos bejabans, na Pérsia - são tão ilógicos que o maior dos naturalistas

scorching Nedjed Plateau of Arabia then advancing to the Bejeban desert of Persia - they are so illogical that most naturalists envisaged its genesis in the tumultuous action of a cataclysm, an irruption of the Atlantic pouring its churning water in an irresistible swirl of currents across the North of Africa, furiously stripping it bare.

Humbolt's explanation, although it only stands up as a brilliant hypothesis, has a higher significance.

Once the preponderance of the central heat had ended and the climate normalized in the far north and far south, starting from the uninhabitable poles, vegitative life progressed towards the equinoctial line. Along this line are the exuberant zones par excellence, where shrubs from other zones become trees and the climate alternates between two seasons only, offering a uniformity that favours the evolution of simple organisms tied directly to

lobrigou a gênese daquele na ação tumultuaria de um cataclismo, uma irrupção do Atlântico, precipitando-se, águas revoltas, num irresistível remoinhar de correntes, sobre o Norte da-África e desnudando-a furiosamente.

Esta explicação de Humboldt, embora se erija apenas como hipótese brilhante, tem um significado superior.

Extinta a preponderância do calor central e normalizados os climas, do extremo norte e do extremo sul, a partir dos pólos inabitáveis, a existência vegetativa progride para a linha equinocial. Sob esta ficam as zonas exuberantes por excelência, onde os arbustos de outras se fazem árvores e o regímen, oscilando em duas estações únicas, determina uniformidade favorável à evolução dos organismos simples, presos diretamente às variações do meio. A fatalidade astronômica da inclinação da eclética, que coloca a Terra em condições biológicas inferiores às de outros

the environmental variations. The astronomic fatality of the eclectisists, who consider the Earth to have inferior biological conditions than those of other planets, ill-suits an environment where one single mountain can accommodate all the world's climates between its base and summit.

Passing through these, and crossing the ideal frontier of the hemispheres, we have the thermal equator with its highly agitated profile of sharp inversions, starting in the particular places where life is impossible; passing from deserts to forests, from the Sahara, pulling it to the north, to most opulent India, after touching the southern point of poorest Arabia; crossing the Pacific on a long trajectory past a scattering of bare desert islands in a slow descent to the mighty Hilae of the Amazon.

Ranging from extreme aridity to extreme exuberance, the Earth's morphology violates the

planetas, mal se percebe nas paragens onde uma montanha única sintetiza, do sopé às cumeadas, todos os climas do mundo.

Entretanto, por elas passa, interferindo a fronteira ideal dos hemisférios, o equador termal, de traçado perturbadíssimo de inflexões vivas, partindo-se nos pontos singulares em que a vida é impossível; passando dos desertos às florestas, do Saara, que o repuxa para o norte, à Índia opulentíssima, depois de tangenciar a ponta meridional da Arábia paupérrima; varando o Pacífico num longo traço - rarefeito colar de ilhas desertas e escalvadas - e abeirando, depois, em lento descambar para o sul, a Hilae portentosa do Amazonas.

Da extrema aridez à exuberância extrema...

É que a morfologia da terra viola as leis gerais dos clima. Mas todas as vezes que o facies geográfico não as combate de todo a natureza reage. Em luta surda, cujos efeitos fogem ao próprio raio dos ciclos

105

general laws of climate. But whenever the geographical facies does not resist them completely, nature reacts. The Earth - locked in a struggle whose effects are beyond the scope of historical cycles, an emotional struggle for those who can see it and waged over countless centuries against stubborn opponents - is like an incoercible, ever-evolving organism, transformed by intussusception, indifferent to the elements that disturb its face.

And so, if the large eternally condemned depressions like the Australian one remain sterile, deserts are extinguished elsewhere.

The scorching temperature itself creates a little pressure in the end which attracts the rain; and the drifting sands, whipped up by the wind and denying the simplest of plants a chance to take root for so long, are gradually fixed by the roots of grasses; the thankless soil and sterile rock decay under the

históricos, mas emocionante, para quem consegue lobrigá-la ao, através de séculos sem conto, entorpecida sempre pelos agentes adversos, mas tenaz, incoercível, num evolver seguro, a terra como um organismo, se transmuda por intuscepção, indiferente aos elementos que lhe tumultuam à face.

De sorte que se as largas depressões eternamente condenadas, a exemplo da Austrália, permanecem estéreis se anulam, noutros pontos, os desertos.

A própria temperatura abrasada acaba lhes dar um mínimo de pressão atraindo o afluxo das chuvas; e as areias móveis, riscadas pelos ventos, negando largo tempo a pega à planta mais humilde, imobilizam-se, a pouco e pouco, presas nas radículas das gramíneas; o chão ingrato e a rocha estéril decaem sob a ação imperceptível dos líquens, que preparam a vinda das lecídeas frágeis; e por fim, os platôs desnudos, llanos e pampas de vegetação escassa, as savanas e as estepes mais vivazes da Ásia

imperciptible action of lichens which pave the way for the fragile lecideae, and finally the bare plateaux, 'llanos' and pampas with their sparse vegetation, the more vivid savannahs and steppes of Central Asia rise up in a crescendo reflecting successive phases of their marvellous transfigurations.

Central, surgem, num crescendo, refletindo sucessivas fases de transfigurações maravilhosas.

How a desert is made

Now the Sertões of the North represent perhaps the best example of an evolutionary regression, in spite of their lesser degree of sterility. Supposing we let fantasy prevail against the gravity of science and imagine them some time ago, emerging in a geologically modern state from a vast terciary sea.
Apart from this absolutely unstable hypothesis, it's certain that a combination of circumstances has obstructed a continuous regime that would favour a more a more vigorous

Como se faz um deserto

Ora, os sertões do Norte, a despeito de uma esterilidade menor, contrapostos a este critério natural, figuram talvez o ponto singular de uma evolução regressiva.
Imaginamo-los há pouco, numa retrospecção em que, certo, a fantasia se insurgiu contra a gravidade da ciência, a emergirem, geologicamente modernos, de um vasto mar terciário.
À parte essa hipótese absolutamente instável, porém, o certo é que um complexo de circunstâncias lhes tem dificultado regímen contínuo, favorecendo flora

107

flora. We described some earlier. However, we forgot to mention one important geological agent - man. In fact he often had a brutal effect on the land and, among us specifically, he has acted as a terrible desert maker throughout the whole of history. This began with a disastrous indigenous legacy.

A fundamental instrument in the primitive agriculture of the forest people ... was fire. They cut their trees with diorite tools and spread the bundles of dry branches across the scorched land for the wind to send up in smoke. The ashen clearings which had previously been exuberant forest were thus marked out by the charred trunks of burnt trees. This land was cultivated and the process then repeated in the following season until it was completely exhausted and abandoned as 'caapuera' - extinct forest - as the Tupi etimology described it - to lie forever sterile since, remarkably, the families of

mais vivaz.

Esboçamos anteriormente algumas.

Esquecemo-nos, todavia, de um agente geológico notável - o homem.

Este, de fato, não raro reage brutalmente sobre a terra e entre nós, nomeadamente, assumiu, em todo o decorrer da história, o papel de um terrível fazedor de desertos.

Começou isto por um desastroso legado indígena.

Na agricultura primitiva dos silvícolas era instrumento fundamental - o fogo.

Entalhadas as árvores pelos cortantes dgis de diorito; encoivarados, depois de secos, os ramos, alastravam-lhes por cima, crepitando, as caiçaras, em bulcão de fumo, tangidas pelos ventos. Inscreviam, depois, nas cercas de troncos combustos das caiçaras, a área em cinzas onde fora a mata exuberante. Cultivavam-na. Renovavam o mesmo processo na estação seguinte, até que, de todo exaurida, aquela mancha da terra fosse, imprestável, abandonada em caapuera - mato extinto - como o

108

vegetation which then came up on the burnt land were just stunted shrubs, quite different from the flora of the primitive forest.

The aborigine continued opening new clearings, new fellings, new burnings, widening the circle of destruction with new caapueras which he yet again abandoned to form others in new places, creating runt species in a stunted evolution, ill-adapted to react with the surrounding elements which then aggravated the climatic rigours, which then scourged them all the more they increased, choking them with the brushwood, stifling them with weeds, reflecting here the sick aspect of the grim caranduva, there the convulsive fury of the bleached caatinga.

Then the colonialists arrived and copied the same procedure. This got worse with the exclusive adoption, in the centre of the country beyond the narrow coastal strip of denuncia a etimologia tupi, jazendo dali por diante irremediavelmente estéril porque, por uma circunstância digna de nota, as famílias vegetais que surgiam subsecutivamente no terreno calcinado eram sempre de tipos arbustivos enfezados, de todo distintos dos da selva primitiva. O aborígine prosseguia abrindo novas roças, novas derrubadas, novas queimas, alargando o círculo dos estragos em novas caapueras, que ainda uma vez deixava para formar outras noutros pontos, aparecendo maninhas, num evolver enfezado, inaptas para reagir com os elementos exteriores, agravando, à medida que se ampliavam, os rigores do próprio clima que as flagelava, e entretecidas de carrascais, afogadas em macegas, espelhando aqui o aspecto adoentado da catanduva sinistra, além a braveza convulsiva da caatinga brancacenta.

Veio depois o colonizador e copiou o mesmo proceder. Engravesceu-o ainda com o

sugar-cane plantations, of this purely pastoral regime. Since the the beginning of the 17th century enormous fields were opened up in the abusively distributed Sertões, common pastures which had no divisions and extended into the highlands beyond.

In the same way fires were freely lit without prevention zones, crippling wide areas under the violent onslaught of the north-east wind. Their accomplices at this time were the rough and greedy pioneers in search of natives and gold. Deep in the recesses of a stupendous flora which had dimmed their vision and had perilously obscured the lairs of denizens and wild cats alike, they destroyed it all with fire and thus revealed the mountainous horizons rising out of the open plains, which gave them somewhere to aim for, and also gave an objective to the troops of bandeirantes.

They thoroughly attacked the land, ploughing it up in adotar, exclusivo, no centro do país, fora da estreita faixa dos canaviais da costa, o regímen francamente pastoril.

Abriram-se desde o alvorecer do século 17, nos sertões abusivamente sesmados, enormíssimos campos, compáscuos sem divisas, estendendo-se pelas chapadas em fora.

Abria-os, de idêntico modo, o fogo livremente aceso, sem aceiros, avassalando largos espaços, solto nas lufadas violentas do nordeste. Aliou-se-lhe ao mesmo tempo o sertanista ganancioso e bravo, em busca do silvícola e do ouro. Afogado nos recessos de uma flora estupenda que lhe escurentava as vistas e sombreava perigosamente as tocaias do tapuia e as tocas do canguçu temido, dilacerou-a golpeando-a de chamas, para desafogar os horizontes e destacar bem perceptíveis, tufando nos descampados limpos, as montanhas que o norteavam, balizando a marcha das bandeiras.

Atacou a fundo a terra,

open-air exploitation, covering it with layers of gravel which have left it sterile, beating it flat with spades, corroding and degrading it with torrential waters. Like this they left their abandoned sites in all parts of the land, for ever sterile, staining the wilderness with the deep red of their churned up soil, where not even the meanest plants can take root; and thus barren, mournful, reminding us of great lifeless cities in total delapidation.

In fact this savagery has accompanied the whole of our history. As late as half way through this century, according to old dwellers from the villages by the S. Francisco river, the explorers who set out in 1830 from the left bank of that river, carrying vital water supplies in their leather bottles, had before them to light their way, opening up their path while it destroyed the land, that same old scout as ever ... fire. For months on end the ruddy reflection of those

escarificando-a nas explorações a céu aberto; esterilizou-a com os lastros das grupiaras; feriu-a a pontaços de alvião; degradou-a corroendo-a com as águas selvagens das torrentes; e deixou, aqui, ali, em toda parte, para sempre estéreis, avermelhando nos ermos com o intenso colorido das argilas revolvidas, onde não medra a planta mais exígua, as grandes catas, vazias e tristonhas, com a sua feição sugestiva de imensas cidades mortas, derruídas...

Ora, estas selvatiquezas atravessaram toda a nossa história. Ainda em meados deste século, no atestar de velhos habitantes das povoações ribeirinhas do S. Francisco, os exploradores que em 1830 avançaram, a partir da margem esquerda daquele rio, carregando em vasilhas de couro indispensáveis provisões de água, tinham, na frente, alumiando-lhes a rota, abrindo-lhes a estrada e devastando a terra, o mesmo batedor sinistro, o incêndio. Durante meses seguidos viu-

fires was visible in the night sky to the west. Imagine the outcome if a process like that were continually applied throughout the centuries.

The colonial government itself foresaw this. Since 1713 successive decrees were passed which aimed to stop it. And following the legendary drought of 1791-1972, the 'great drought' as the old country folk still call it, which sacrificed the whole of north Bahia up to Ceará, the metropolitan government fancied attributing it to the inconveniences we have mentioned, and forthwith established as the only remedy a severe ban on deforestion.

This matter was its dominant concern for a long while, as is demonstrated by the royal decree dated 17th March 1796 appointing a judge for the conservation of forests; and that of 11th June 1799, decreeing the 'cohibition of the indiscrete and disorderly ambition of

se no poente, entrando pelas noites dentro, o reflexo rubro das queimadas.

Imaginem-se os resultados de semelhante processo aplicado, sem variantes, no decorrer de séculos...

Previu-os o próprio governo colonial. Desde 1713 sucessivos decretos visaram opor-lhes paradeiros. E ao terminar a seca lendária de 1791-1792, a "grande seca", como dizem ainda os velhos sertanejos, que sacrificou todo o Norte, da Bahia ao Ceará, o governo da metrópole figura-se tê-la atribuído aos inconvenientes apontados, estabelecendo desde logo, como corretivo único, severa proibição ao corte das florestas.

Esta preocupação dominou-o por muito tempo. Mostram-no-lo as cartas régias de 17 de março de 1796, nomeando um juiz conservador das matas; e a de 11 de junho de 1799, decretando que "se coíba a indiscreta e desordenada ambição dos habitantes (da Bahia e Pernambuco) que têm assolado a ferro e fogo preciosas matas... que tanto

the inhabitants (of Bahia and Pernambuco) who have devastated with steel and fire the precious forests ... which were so abundant and are now a considerable distance away etc.'

These are precious observations, directly relevant to the region we have briefly described.

There are others, of similar eloquence. If we examine the old trails of the northern pioneers - bold men of the caatingas who were comparable to the bandeirantes in the south – we continually find strong evidence of the brutality of their sojourns while exploring for the 'silver mines' of Melchior Moreira in the sierras – one of the sojourns almost invariably being at Monte Santo, then the indian town of Pico-araça, as they skirted the Sierra of Canudos. And they spoke of 'crossing the cold fields (clearly at night, because of the intense radiation from the exposed ground), leagues of caatinga without

abundavam e já hoje ficam a distancias consideráveis etc.".

Aí estão dizeres preciosos relativos diretamente à região que palidamente descrevemos.

Há outros, cômpares na eloqüência.

Deletreando-se antigos roteiros dos sertanistas do Norte, destemerosos caatingueiros que pleiteavam parelhas com os bandeirantes do Sul, nota-se a cada passo uma alusão incisiva à bruteza das paragens que atravessavam, perquirindo as chapadas, em busca das "minas de prata" de Melchior Moreia - e passando quase todos à margem do sertão de Canudos, com escala em Monte Santo, então o Pico-araçá dos tapuias. E falam nos "campos frios" (certamente à noite, pela irradiação intensa do solo desabrigado) cortando léguas de caatinga sem água nem caravatá que a tivesse e com raízes de umbu e mandacaru, remediando a gente" no penoso desbravar das veredas .

water or the silk grass that contains it, without the umbu and the mandacaru roots to cure us' as part of their painful conquest of the trails.

So, as you can see, plants already had a proverbial function in those days, and our country folk still have recourse to them today.

The fact is that the evil is ancient. In collaboration with the meteorological elements, with the north east, with the suction of the strata, with the heatwaves, with the wind erosion and the sudden storms - man became a wicked partner of the forces of that destructive climate. If he didn't create it, then he transformed it, making it worse. The degradation caused by storms was increased by the woodman's axe. And the burnings boosted the sunlight. Maybe he made the desert, but he can end it also by correcting the past. This is not an impossible task. A historical case will help to explain how.

Já nessa época, como se vê, tinham função proverbial às plantas, para as quais, hoje, apelam os nossos sertanejos.

É que o mal é antigo. Colaborando com os elementos meteorológicos, com o nordeste, com a sucção dos estratos, com as canículas, com a erosão eólia, com as tempestades subitâneas - o homem fez-se uma componente nefasta entre as forças daquele clima demolidor. Se o não criou, transmudou-o, agravando-o. Deu um auxiliar à degradação das tormentas, o machado do caatingueiro; um supletivo à insolação, a queimada.

Fez, talvez, o deserto. Mas pode extingui-lo ainda, corrigindo o passado. E a tarefa não é insuperável. Di-lo uma comparação histórica.

How to eliminate a desert

Anyone who crosses the high plains of Tunisia, between Beja and Biserta on the fringe of the Sahara, will still find the remains of ancient Roman constructions at the bottom of the valleys, along the normal courses of the meandering wadis. Old piles of ruined masonry with facing stones and rolled blocks, partly covered with the dross and detritis of twenty centuries, that legacy of the great colonialists shows us both the intelligence of their actions and the barbaric negligence of the Arabs who came after.

After the business of destroying Carthage, the Romans turned their attention to the incomparably more serious business of defeating the antagonism of nature. In that they left a beautiful trace of their historic expansion.

They clearly perceived the original defect of the region, which was sterile

Como se extingue o deserto

Quem atravessa as planícies elevadas da Tunísia, entre Beja e Biserta, à ourela do Saara, encontra ainda, no desembocar dos vales, atravessando normalmente o curso caprichoso e em torcicolos dos oueds, restos de antigas construções romanas. Velhos muradais derruídos, embrechados de silhares e blocos rolados, cobertos em parte pelos detritos de enxurros de vinte séculos, aqueles legados dos grandes colonizadores delatam a um tempo a sua atividade inteligente e o desleixo bárbaro dos árabes que os substituíram.

Os romanos depois da tarefa da destruição de Cartago tinham posto ombros à empresa incomparavelmente mais séria de vencer a natureza antagonista. E ali deixaram belíssimo traço de sua expansão histórica.

Perceberam com segurança o vício original da região, estéril menos pela escassez das chuvas do que pela sua péssima distribuição adstrita aos relevos topográficos.

less through the lack of rain than through its very poor distribution, due to the topographical layout of the region. They corrected this. The rainfall in those parts, which is intense in certain seasons giving higher pluviometric readings than in other fertile and exuberant countries, was worse than useless - as in the wilderness of our country - it was destructive. The rain fell on exposed land, tearing up a vegetation that was ill-attached to the hard soil; it poured into the water courses until overflowing for some weeks, flooding the plains, then disappeared quickly, flowing over escarpments to the north and east into the Mediterranean, leaving the soil more naked and ore sterile than before, after a transitory revival. The desert to the south seemed to advance and dominate the whole area, avenging the latest accidents which had not curbed the simoom.

The Romans made it

Corrigiram-no. O regímen torrencial que ali aparece, intensíssimo em certas quadras, determinando alturas pluviométricas maiores que as de outros países férteis e exuberantes, era, como nos sertões do nosso país, além de inútil, nefasto. Caía sobre a terra desabrigada, desarraigando a vegetação mal presa a um solo endurecido; turbilhonava por algumas semanas nos regatos transbordantes, alagando as planícies; e desaparecia logo, derivando em escarpamentos, pelo norte e pelo levante, no Mediterrâneo, deixando o solo, depois de uma revivescência transitória, mais desnudo e estéril. O deserto, ao sul, parecia avançar, dominando a paragem toda, vingando-lhe os últimos acidentes que não tolhiam a propulsão do simum.

Os romanos fizeram-no recuar. Encadearam as torrentes; represaram as correntezas fortes, e aquele regímen brutal, tenazmente combatido e bloqueado,

116

retreat. They contained the torrents; they dammed the strong currents; so, being firmly blocked and held up, that cruel regime gave in and was contained entirely by a series of dams. Without the slightest hint of any complex irrigation systems, they managed to keep the water on the ground for longer. The ravines, divided up into series of stagnant pools, were separated into reservoirs with walls which closed the valleys off and let the wadis fill up among the hills and store a lot of water for a long time, which had previously been lost, or let it overflow through side channels to the areas below and then into sluices and ditches all around to irrigate the land. This system of reservoirs thus gave rise to a general irrigation effort, and to other advantages.

Moreover, all those liquid surfaces scattered around in large numbers - rather than being concentrated in one single lake, monumental and useless -

cedeu, submetido inteiramente, numa rede de barragens. Excluído o alvitre de irrigações sistemáticas dificílimas, conseguiram que as águas permanecessem mais longo tempo sobre a terra. As ravinas recortando-se em gânglios estagnados dividiram-se açudes abarreirados pelas muralhas que trancavam os vales, e os oueds, parando, intumesciam-se entre os morros, conservando largo tempo as grandes massas líquidas, até então perdidas, ou levando-as, no transbordarem, em canais laterais aos lugares próximos mais baixos, onde se abriam em sangradouros e levadas, irradiantes por toda a parte, e embebendo o solo. De sorte que este sistema de represas, além de outras vantagens, criara um esforço de irrigação geral. Ademais, todas aquelas superfícies líquidas esparsas em grande número e não resumidas a um Quixadá único - monumental e inútil - expostas à evaporação, acabaram reagindo sobre o clima, melhorando-o. Por

had their influence on the climate through their exposure to evaporation, and so improved it.

And finally Tunisia, where the favourite sons of the Phenoecians landed - but which had so far been a coastline left to smugglers and Numidians nomads with their curved tents bleaching in the air like upturned boats - was transfigured into the classic land of ancient agriculture. It was the granary of Italy and the almost exclusive supplier of wheat to the Romans.

Today the French have very largely copied this technique, but without the need of building costly monumental walls.

Instead they use stockades between dry-stone walls and earthworks, like ramparts, to hold the wadis in the best positions, and cut channels around their rims to feed the nearby high ground and the surrounding areas through irrigation networks.

And so the untamed waters are slowed down and held

fim a Tunísia, onde haviam aproado os filhos prediletos dos fenícios, mas que até então se reduzira a um litoral povoado de traficantes ou númidas erradios, com suas tendas de tetos curvos branqueando nos ares como quilhas encalhadas - se fez, transfigurada, a terra clássica da agricultura antiga. Foi o celeiro da Itália; a fornecedora quase exclusiva, de trigo, dos romanos.

Os franceses, hoje, copiam-lhes em grande parte os processos, sem necessitarem alevantar muramentos monumentais e dispendiosos. Represam por estacadas, entre muros de pedras secas e terras, à maneira de palancas, os oueds mais bem dispostos, e talham pelo alto das suas bordas, em toda à largura das serranias que os ladeiam, condutos derivando para os terrenos circunjacentes, em redes irrigadoras.

Deste modo as águas selvagens estacam, remansam-se, sem adquirir a força acumulada das inundações violentas, disseminando-se, afinal,

in check before they achieve the accumulated force of violent floods, and can be calmly distributed through thousands of valves into a system of streams. The French thus rescued what was left of the opulent Roman heritage from the apathy of the Moslem, after centuries of inertia and decline, restoring to this historic area its physiognomy of old.

Now, if we make a rough Ipsometric plan of the northern Sertões, we see that they are susceptible to an identical effort, with equally sure results.

The idea is not n ew. It was suggested long ago in memorable sessions at the Politechnical Institue of Rio in 1877, by the spirited Conselheiro Beaurepaire Rohan who had perhaps been inspired by the example described above.

From the discussions held on that occasion, in which the best scientific opinions of the time were involved - from the solid experience of Capanema to the rare estas, amortecidas, em milhares de válvulas, pelas derivações cruzadas. E a histórica paragem, liberta da apatia do moslim inerte, transmuda-se volvendo de novo à fisionomia antiga. A França salva os restos da opulenta herança da civilização romana, depois desse declínio de séculos.

Ora, quando se traçar, sem grande precisão embora, a carta hipsométrica dos sertões do Norte, ver-se-á que eles se apropriam a uma tentativa idêntica, de resultados igualmente seguros.

A. idéia não é nova. Sugeriu-a há muito, em memoráveis sessões do Instituto Politécnico do Rio, em 1877, o belo espírito do conselheiro Beaurepaire Rohan, talvez sugestionado pelo mesmo símile, que acima apontamos.

Das discussões então travadas onde se enterreiraram os melhores cientistas do tempo - da sólida experiência de Capanema à mentalidade rara de André Rebouças - foi a única coisa prática,

mentality of André Rebouças - it was the only practical, feasible and really useful thing that remained.

Among the suggestions put forward on that occasion were luxurious masonry cisterns, myriads of artesian wells sunk into the hillsides; colossal deposits or immense storage tanks for the accumulated reserves; huge lakes like artificial Caspian seas, and finally, as if to illustrate thoroughly the complete failure of the engineering sector before the enormity of the problem, stupendous alembics for distilling the Atlantic waters.

But the most modest solution, resulting directly from a historical lesson suggested by the most elementary example, prevailed over all of these. Because, besides being practical, it was clearly the most logical.

factível, verdadeiramente útil que ficou.

Idearam-se, naquela ocasião, luxuosas cisternas de alvenarias; miríades de poços artesianos, perfurando as chapadas; depósitos colossais ou armazéns desmedidos para as reservas acumuladas; açudes vastos, feitos cáspios artificiais; e por fim, como para caracterizar bem o desbarate completo da engenharia, ante a enormidade do problema, estupendos alambiques para a destilação das águas do Atlântico!...

O alvitre mais modesto porém, efeito imediato de um ensinamento histórico, sugerido pelo mais elementar dos exemplos, suplanta-os. Porque é, além de prático, evidentemente o mais lógico.

The secular scourge of the land

The structure and conformation of the ground are really among the most decisive factors that give rise to drought. Whatever the intensity of the complex and more remote causes we mentioned above, the influence of these factors is clear if we consider that the absorbative and emissive capacity of the exposed lands, the inclination of the strata that cross them and the ruggedness of the topographical reliefs aggravate equally the ferocity of the summers and the intensive degradation of the floods. Such that the land, passing from lengthy heatwaves to sudden inundations, and ill-protected by a deciduous vegetation which is burnt by the former and torn up by the latter, is gradually invaded by a full-blown desert regime.

The violent storms which

O martírio secular da terra

Realmente, entre os agentes determinantes da seca se intercalam, de modo apreciável, a estrutura e a conformação do solo. Qualquer que seja a intensidade das causas complexas e mais remotas que anteriormente esboçamos, a influência daquelas é manifesta desde que se considere que a capacidade absorvente e emissiva dos terrenos expostos, a inclinação dos estratos, que os retalham, e a rudeza dos relevos topográficos, agravam, do mesmo passo, a crestadura dos estios e a degradação intensiva das torrentes. De sorte que, saindo das insolações demoradas para as inundações subitâneas, a terra, mal protegida por uma vegetação decídua, que as primeiras requeimam e as segundas erradicam, se deixa, a pouco e pouco, invadir pelo regímen francamente desértico.

As fortes tempestades que apagam o incêndio surdo das

put out the brute fires of the drought in some way prepare the region for greater vicissitudes, by virtue of the revival they bring. They rudely strip it, leaving it ever more exposed to forthcoming summers; they scar it with harch contours; they beat it and sterilize it; and when they cease they leave it still more unprotected against the burning sunlight. This regime unfolds with a deplorable rhythm which reminds one of a vicious circle of catastrophes. In this situation the only measure to be adopted must consist of a corrective for these natural dispositions. Setting aside those malign factors which are caused by astronomical or geographic fatalities and are thus beyond human intervention, these are the only ones amenable to effective modification.

The process we recalled in our brief historical sketch does not require any technical detailsl by virtue of its very simplicity.

secas, em que pese à revivescência que acarretam, preparam de algum modo a região para maiores vicissitudes. Desnudam-na rudemente, expondo-a cada vez mais desabrigada aos verões seguintes; sulcam-na numa molduragem de contornos ásperos; golpeiam-na e esterilizam-na; e, ao desaparecerem, deixam-na ainda mais desnuda ante a adustão dos sóis. O regímen decorre num intermitir deplorável, que lembra um círculo vicioso de catástrofes.

Deste modo a medida única a adotar-se deve consistir no corretivo destas disposições naturais. Pondo de lado os fatores determinantes do flagelo, oriundos da fatalidade de leis astronômicas ou geográficas inacessíveis à intervenção humana, são, aquelas, as únicas possíveis de modificações apreciáveis.

O processo que indicamos, em breve recordação histórica, pela sua própria simplicidade dispensa inúteis pormenores técnicos.

A França copia-o hoje, sem

France copies it today without variations, by following the contours of most ancient constructions. By damming the valleys, chosen carefully in less broken areas right across the lands of the Sertao, we would achieve three inevitable consequences:

a marked reduction in the violent drainage of the land and its lamentable consequences;

the formation of fertile farming areas around the edges of the irrigation system; the creation of a state of equilibrium for the climatic instability, because the numerous small lakes, uniformly distributed and offering a wide evaporation surface would in time exercise the moderating influence of a most important inland sea.

No other recourse can be envisaged. Tanks, artesian wells and rare or widely spaced lakes like that of Quixadá have a local value of small impact. Their aim in general is to alleviate the last consequence of drought - thirst; and what

variantes, revivendo o traçado de construções velhíssimas.

Abarreirados os vales, inteligentemente escolhidos, em pontos pouco intervalados, por toda a extensão do território sertanejo, três conseqüências inevitáveis decorreriam: atenuar-se-iam de modo considerável a drenagem violenta do solo e as suas conseqüências lastimáveis; formar-se-lhes-iam à ourela, inscritas na rede das derivações, fecundas áreas de cultura; e fixar-se-ia uma situação de equilíbrio para a instabilidade do clima, porque os numerosos e pequenos açudes, uniformemente distribuídos e constituindo dilatada superfície de evaporação, teriam, naturalmente, no correr dos tempos, a influência moderadora de um mar interior, de importância extrema.

Não há alvitrar-se outro recurso. As cisternas, poços artesianos e raros, ou longamente espaçados lagos como o de Quixadá, têm um valor local, inapreciável.

123

needs to be fought and overcome in the sertões of the north - is the desert. The scourge of man is there a reflex of a greater and wider torture embracing the general economy of Life.

The secular scourge of the land is born ...

Visam, de um modo geral, atenuar a última das conseqüências da seca - a sede; e o que há a combater e a debelar nos sertões do Norte - é o deserto.

O martírio do homem, ali, é reflexo de tortura maior, mais ampla, abrangendo a economia geral da Vida.

Nasce do martírio secular da terra...